Wolfgang Halm · Moderne spanische Kurzgrammatik

Wolfgang Halm

Moderne spanische Kurzgrammatik

Max Hueber Verlag

4. Auflage

6. 5. | Die letzten Ziffern
1987 86 85 | bezeichnen Zahl und Jahr des Druckes.
Alle Drucke dieser Auflage können, da unverändert, nebeneinander benutzt werden.

Umschlaggestaltung: Wolfgang Link, München
Satz und Druck: Allgäuer Zeitungsverlag, Kempten · Printed in Germany

ISBN 3-19-004020-6

Vorwort

Die vorliegende Grammatik soll einen klaren Überblick über die grammatischen Erscheinungen der modernen spanischen Sprache geben. Im Vordergrund stehen Beispiele, wie sie in der gesprochenen Alltagssprache oder in Zeitungen vorkommen. Die daraus abgeleiteten Regeln oder Erklärungen wurden mit möglichst wenig grammatischen Fachausdrücken so knapp und klar wie möglich formuliert. Ein fortlaufendes Nummernsystem erleichtert das Nachschlagen bei Querverweisen oder bei Benützung des Registers, das in der 2. Auflage auf Anregung von Benutzern der Grammatik überarbeitet und stark erweitert wurde.
Die Darbietung des Materials stützt sich in erster Linie auf langjährige Beobachtung der modernen spanischen Sprache und auf Erkenntnisse, die in der Praxis des Unterrichts und des Übersetzens wie auch im Gespräch mit spanischen Kollegen gewonnen wurden. Als wichtige Anregung und Kontrolle diente zusätzlich Hayward Kenistons „Spanish Syntax List“, Holt, Rinehart and Winston Inc., New York, Neuauflage 1960. Diese gründliche Studie bewahrte mich einerseits vor dem Risiko, wichtige Einzelheiten zu übersehen, andererseits vor der Versuchung, nachweislich seltene Strukturen aufzunehmen. So enthält diese Grammatik alles, was für die aktive Beherrschung der modernen spanischen Sprache irgendwie von Bedeutung ist.

Für kritische Hinweise bin ich jederzeit dankbar.

Vorwort

Inhaltsverzeichnis

Das Verb

Der Artikel

Das Substantiv

Das Adjektiv

Das Adverb

Das Zahlwort

Das Pronomen

Die Präposition

Die Konjunktion

Die Negation

Orthographie und Interpunktion

Wort- und Sachregister

Das Verb

Ableitungsregeln für Konjugationsformen

1 **tom-o → tome, tomes** **ofrezc-o → ofrezca, ofrezcas**
teng-o → tenga, tengas **pid-o → pida, pidas**

Der Stamm der 1. Pers. Sg. des *presente de indicativo* ist auch der Stamm aller Formen des *presente de subjuntivo*.
Wenige Ausnahmen, darunter die diphthongierenden Verben → 20–27.

2 **tom-ar → tomaba** **ten-er → tenía**

Der Infinitivstamm ist auch der Stamm des *pretérito imperfecto*.
Drei Ausnahmen: *ir* → 43, *ser* → 9, *ver* → 55.

3 **él toma → ¡toma (tú)!** **él come → ¡come (tú)!**

Der bejahende Imperativ der 2. Pers. Sg. ist gleich der 3. Pers. Sg. des *presente de indicativo*.
Ausnahmen: *decir* → 39, *hacer* → 42, *ir* → 43, *poner* → 46, *salir* → 49, *tener* → 51, *venir* → 54.

4 **tomar → ¡tomad!** **comer → ¡comed!**

Der bejahende Imperativ der 2. Pers. Pl. wird aus dem Infinitiv abgeleitet: An die Stelle des *-r* tritt ein *-d*.

5 **que tomes → ¡no tomes!** **que toméis → ¡no toméis!**
que Vd. tome → ¡(no) tome Vd.! **que Vds. tomen → ¡(no) tomen Vds.!**
que tomemos → ¡(no) tomemos!

Alle unter 3 und 4 nicht genannten Imperative, also auch alle negativen Imperative, sind gleich der entsprechenden Form des *presente de subjuntivo*.
Ausnahme: *ir* → 43.

6 **tomar-é → tomaría** **tendr-é → tendría**

Der Stamm des *futuro imperfecto* ist auch der Stamm des *potencial simple.*

7 **toma-ron → tomase, tomara (tomare)** **tuvie-ron → tuviese, tuviera (tuviere)**

Aus der 3. Pers. Pl. des *pretérito indefinido* wird der Stamm für beide Formen des *pretérito imperfecto de subjuntivo* (und der Stamm für das seltenere, in dieser Grammatik nicht behandelte *futuro de subjuntivo*) übernommen.

Die Konjugation der Hilfsverben haber, ser, estar

8 **haber** haben (Hilfsverb)

Presente de indicativo
he
has
ha hay
hemos
habéis
han

Presente de subjuntivo
haya
hayas
haya
hayamos
hayáis
hayan

Pretérito imperfecto de indicativo
había
habías
había
habíamos
habíais
habían

Pretérito indefinido
hube
hubiste
hubo
hubimos
hubisteis
hubieron

Pretérito imperfecto de subjuntivo

hubiese	hubiera
hubieses	hubieras
hubiese	hubiera
hubiésemos	hubiéramos
hubieseis	hubierais
hubiesen	hubieran

Futuro imperfecto	*Potencial*
habré	habría
habrás	habrías
habrá	habría
habremos	habríamos
habréis	habríais
habrán	habrían

Participio habido *Gerundio* habiendo

1. Die Formen des *presente de subjuntivo* von *haber* entsprechen nicht der Ableitungsregel.
2. Zur 3. Pers. Sg. gibt es die unpersönliche Nebenform *hay:* es gibt. In allen anderen Zeiten und im *subjuntivo* deckt sich diese Form mit der 3. Pers. Sg.: *había*, *hubo*, *que haya* usw.
   Hierzu auch die zusammengesetzten Zeiten: *ha habido*, *habrá habido un accidente* usw. (Vgl. die zusammengesetzten Zeiten von *ser* → 9).
3. Die unpersönliche Form *hay* erscheint auch in *hay que:* man muß.

Verwendung von *haber* → 91—93, → 244—245.

9 **ser** sein

Presente de indicativo	*Presente de subjuntivo*
soy	sea
eres	seas
es	sea
somos	seamos
sois	seáis
son	sean

Pretérito imperfecto de indicativo
era
eras
era
éramos
erais
eran

Pretérito indefinido
fui
fuiste
fue
fuimos
fuisteis
fueron

Pretérito imperfecto de subjuntivo

fuese	fuera
fueses	fueras
fuese	fuera
fuésemos	fuéramos
fueseis	fuerais
fuesen	fueran

Futuro imperfecto	*Potencial*
seré	sería
serás	serías
será	sería
seremos	seríamos
seréis	seríais
serán	serían

Imperativo afirmativo y negativo

sé (tú)	no seas
sea	no sea
seamos	no seamos
sed	no seáis
sean	no sean

Participio sido

Gerundio siendo

Pretérito perfecto de indicativo
he sido
has sido
ha sido
hemos sido
habéis sido
han sido

Pretérito perfecto de subjuntivo
haya sido
hayas sido
haya sido
hayamos sido
hayáis sido
hayan sido

Pret. pluscuamperfecto de indicativo
había sido
habías sido
había sido
habíamos sido
habíais sido
habían sido

Pretérito anterior
hube sido
hubiste sido
hubo sido
hubimos sido
hubisteis sido
hubieron sido

(geringe prakt. Bedeutung)

Pret. pluscuamperfecto de subjuntivo
hubiese/hubiera sido
hubieses/hubieras sido
hubiese/hubiera sido
hubiésemos/hubiéramos sido
hubieseis/hubierais sido
hubiesen/hubieran sido

Futuro perfecto
habré sido
habrás sido
habrá sido
habremos sido
habréis sido
habrán sido

Pot. compuesto
habría sido
habrías sido
habría sido
habríamos sido
habríais sido
habrían sido

Infinitivo compuesto
haber sido

Gerundio compuesto
habiendo sido

Die Formen des *presente de subjuntivo* von *ser* sowie die Imperativform *sé* und das *pretérito imperfecto* entsprechen nicht der Ableitungsregel.

Verwendung von *ser* → 86—87, → 100, → 108, → 248.

10 **estar** sein

Presente de indicativo
estoy
estás
está
estamos
estáis
están

Presente de subjuntivo
esté
estés
esté
estemos
estéis
estén

Pretérito imperfecto de indicativo
estaba
estabas
estaba
estábamos
estabais
estaban

Pretérito indefinido
estuve
estuviste
estuvo
estuvimos
estuvisteis
estuvieron

Pretérito imperfecto de subjuntivo

estuviese	estuviera
estuvieses	estuvieras
estuviese	estuviera
estuviésemos	estuviéramos
estuvieseis	estuvierais
estuviesen	estuvieran

Futuro imperfecto	*Potencial*	*Imperativo afirmativo y negativo*	
estaré	estaría		
estarás	estarías	está (oft estáte)	no estés
estará	estaría	esté	no esté
estaremos	estaríamos	estemos	no estemos
estaréis	estaríais	estad	no estéis
estarán	estarían	estén	no estén

Participio	estado	*Gerundio*	estando

> Die Formen des *presente de subjuntivo* von *estar* entsprechen nicht der Ableitungsregel.

Verwendung von *estar* → 95, → 98, → 220.
Zur Bildung der zusammengesetzten Zeiten *he estado* usw. vgl. *haber* → 8 bzw. die zusammengesetzten Zeiten von *ser* → 9.

Die Konjugation der regelmäßigen Verben auf -ar, -er, -ir

11 **-ar, voz activa** (Beispiel: *invitar*)

Presente de indicativo	*Presente de subjuntivo*
invito	invite
invitas	invites
invita	invite
invitamos	invitemos
invitáis	invitéis
invitan	inviten

Pretérito imperfecto de indicativo
invitaba
invitabas
invitaba
invitábamos
invitabais
invitaban

Pretérito indefinido	*Pretérito imperfecto de subjuntivo*	
invité	invitase	invitara
invitaste	invitases	invitaras
invitó	invitase	invitara
invitamos	invitásemos	invitáramos
invitasteis	invitaseis	invitarais
invitaron	invitasen	invitaran

Futuro imperfecto	*Potencial*	*Imperativo afirmativo y negativo*	
invitaré	invitaría		
invitarás	invitarías	invita	no invites
invitará	invitaría	invite	no invite
invitaremos	invitaríamos	invitemos	no invitemos
invitaréis	invitaríais	invitad	no invitéis
invitarán	invitarían	inviten	no inviten

Participio	invitado	*Gerundio*	invitando

12 -ar, voz pasiva (Beispiel: *ser invitado*)

Presente de indicativo	*Presente de subjuntivo*
soy invitado	sea invitado
eres invitado	seas invitado
es invitado	sea invitado
somos invitados	seamos invitados
sois invitados	seáis invitados
son invitados	sean invitados

Pretérito imperfecto de indicativo
era invitado
eras invitado
era invitado
éramos invitados
erais invitados
eran invitados

Pretérito indefinido	*Pretérito imperfecto de subjuntivo*
fui invitado	fuese/fuera invitado
fuiste invitado	fueses/fueras invitado
fue invitado	fuese/ fuera invitado
fuimos invitados	fuésemos/fuéramos invitados
fuisteis invitados	fueseis/fuerais invitados
fueron invitados	fuesen/fueran invitados

Futuro imperfecto		*Potencial*
seré invitado		sería invitado
serás invitado		serías invitado
será invitado		sería invitado
seremos invitados		seríamos invitados
seréis invitados		seríais invitados
serán invitados		serían invitados

Infinitivo ser invitado

Gerundio siendo invitado

Pretérito perfecto de indicativo	*Pretérito perfecto de subjuntivo*
he sido invitado	haya sido invitado
has sido invitado	hayas sido invitado
ha sido invitado	haya sido invitado
hemos sido invitados	hayamos sido invitados
habéis sido invitados	hayáis sido invitados
han sido invitados	hayan sido invitados

Pret. pluscuamperfecto de indicativo
había sido invitado
habías sido invitado
había sido invitado
habíamos sido invitados
habíais sido invitados
habían sido invitados

Pretérito anterior		*Pret. pluscuamperfecto de subjuntivo*
hube sido invitado	(geringe	hubiese/hubiera sido invitado
hubiste sido invitado	praktische	hubieses/hubieras sido invitado
hubo sido invitado	Bedeutung)	hubiese/hubiera sido invitado
hubimos sido invitados		hubiésemos/hubiéramos sido invitados
hubisteis sido invitados		hubieseis/hubierais sido invitados
hubieron sido invitados		hubiesen/hubieran sido invitados

Futuro perfecto	*Potencial compuesto*
habré sido invitado	habría sido invitado
habrás sido invitado	habrías sido invitado
habrá sido invitado	habría sido invitado
habremos sido invitados	habríamos sido invitados
habréis sido invitados	habríais sido invitados
habrán sido invitados	habrían sido invitados

Infinitivo compuesto	*Gerundio compuesto*
haber sido invitado/invitados	habiendo sido invitado/invitados

Das Passiv wird gebildet aus *ser* + *Partizip*, wobei sich das Partizip in Geschlecht und Zahl auf das Subjekt bezieht → 86—87.

Anm. In der vorstehenden Konjugationstabelle ist die weibliche Form *soy invitada, somos invitadas* usw. wegen der besseren Übersichtlichkeit ausgelassen.

13 **-er, voz activa** (Beispiel: *meter*)

Presente de indicativo	*Presente de subjuntivo*
meto	meta
metes	metas
mete	meta
metemos	metamos
metéis	metáis
meten	metan

Pretérito imperfecto de indicativo
metía
metías
metía
metíamos
metíais
metían

Pretérito indefinido	*Pretérito imperfecto de subjuntivo*	
metí	metiese	metiera
metiste	metieses	metieras
metió	metiese	metiera
metimos	metiésemos	metiéramos
metisteis	metieseis	metierais
metieron	metiesen	metieran

Futuro imperfecto	*Potencial*	*Imperativo afirmativo y negativo*	
meteré	metería		
meterás	meterías	mete	no metas
meterá	metería	meta	no meta
meteremos	meteríamos	metamos	no metamos
meteréis	meteríais	meted	no metáis
meterán	meterían	metan	no metan

Participio	metido	*Gerundio*	metiendo

Anm. Zusammengesetzte Zeiten *he metido* usw. vgl. *ser* → 9 bzw. *haber* → 8. Passiv → 12.

14 -ir, voz activa (Beispiel: *vivir*)

Presente de indicativo	*Presente de subjuntivo*
vivo	viva
vives	vivas
vive	viva
vivimos	vivamos
vivís	viváis
viven	vivan

Pretérito imperfecto de indicativo

vivía
vivías
vivía
vivíamos
vivíais
vivían

Pretérito indefinido	*Pretérito imperfecto de subjuntivo*	
viví	viviese	viviera
viviste	vivieses	vivieras
vivió	viviese	viviera
vivimos	viviésemos	viviéramos
vivisteis	vivieseis	vivierais
vivieron	viviesen	vivieran

Futuro imperfecto	*Potencial*	*Imperativo afirmativo y negativo*	
viviré	viviría		
vivirás	vivirías	vive	no vivas
vivirá	viviría	viva	no viva
viviremos	viviríamos	vivamos	no vivamos
viviréis	viviríais	vivid	no viváis
vivirán	vivirían	vivan	no vivan

Participio	vivido	*Gerundio*	viviendo

Anm. Zusammengesetzte Zeiten *he vivido* usw. vgl. *ser* → 9 bzw. *haber* → 8. Passiv → 12.

15 **-arse (lavarse)**	**-erse (esconderse)**	**-irse (decidirse)**
Presente de indicativo		
me lavo	me escondo	me decido
te lavas	te escondes	te decides
se lava	se esconde	se decide
nos lavamos	nos escondemos	nos decidimos
os laváis	os escondéis	os decidís
se lavan	se esconden	se deciden
Imperativo afirmativo		
lávate	escóndete	decídete
lávese	escóndase	decídase
lavémonos	escondámonos	decidámonos
lavaos	escondeos	decidíos
lávense	escóndanse	decídanse
Imperativo negativo		
no te laves	no te escondas	no te decidas
no se lave	no se esconda	no se decida
no nos lavemos	no nos escondamos	no nos decidamos
no os lavéis	no os escondáis	no os decidáis
no se laven	no se escondan	no se decidan
Participio		
lavado	escondido	decidido
Gerundio		
lavándose	escondiéndose	decidiéndose
Infinitivo compuesto		
haberse lavado	haberse escondido	haberse decidido

Bei der 1. und 2. Pers. Pl. des *imperativo afirmativo* der reflexiven Verben fällt der Endkonsonant der Verbform (*-s* bzw. *-d*) aus.
Einzige Ausnahme ist *idos*, 2. Pers. Pl. von *irse*. Jedoch regelm. *vámonos*.

Stellung des Reflexivpronomens, auch in den zusammengesetzten Zeiten und in Verbindung mit Modalverben usw. → 463, → 473—480.

Die Konjugation der Gruppenverben

Es gibt im Spanischen eine Anzahl von Verben, deren Konjugation teilweise vom regelmäßigen Schema abweicht. Die meisten dieser Verben lassen sich in Gruppen zusammenfassen, die jeweils die gleichen Unregelmäßigkeiten aufweisen. Alle in der folgenden Übersicht nicht enthaltenen Formen sind regelmäßig bzw. regelmäßig abzuleiten nach den Regeln → 1—7.

16 Gruppe enviar

Pres. de ind.	*Pres. de subj.*	*Imperativo afirmativo y negativo*	
envío	envíe		
envías	envíes	envía	no envíes
envía	envíe	envíe	no envíe
enviamos	enviemos	enviemos	no enviemos
enviáis	enviéis	enviad	no enviéis
envían	envíen	envíen	no envíen

> In den stammbetonten Formen bildet das Stamm-*i* keinen Diphthong mit dem Endungsvokal, sondern wird als Stammvokal betont und erhält deshalb in der Schreibung den Akzent.

Vgl. Gruppe *cambiar* → 17.

Wichtigere Verben der Gruppe *enviar:*

ampliar	erweitern	no fiarse de	nicht trauen
confiar en	vertrauen auf	guiar	führen
desafiar	herausfordern	resfriarse	s. erkälten
desviar	umleiten	telegrafiar	telegrafieren
enfriar	abkühlen	vaciar	leeren
enviar	schicken	variar	schwanken

Vgl. auch die Substantive *el desafío*, *el desvío*, *el envío*, *la guía*, *el vacío.*

17 Gruppe cambiar

Pres. de ind.	*Pres. de subj.*	*Imperativo afirmativo y negativo*	
cambio	cambie		
cambias	cambies	cambia	no cambies
cambia usw.	cambie usw.	cambie usw.	no cambie usw.

Das eigentlich zum Stamm gehörende *i* wird in keiner Form als Stammvokal betont, sondern bildet immer einen Diphthong mit dem Endungsvokal.

Vgl. Gruppe *enviar* → 16.

Wichtigere Verben der Gruppe *cambiar:*

anunciar	ankündigen	fastidiar	ärgern
apreciar	schätzen	iniciar	einleiten
cambiar	wechseln; ändern; s. ändern	limpiar	reinigen, putzen
		odiar	hassen
copiar	kopieren	presenciar u. c.	zugegen sein bei
denunciar	anzeigen	pronunciar	aussprechen
despreciar	verachten	reconciliarse	s. versöhnen
envidiar	beneiden	refugiarse	Schutz suchen
estudiar	studieren	renunciar a	verzichten auf

Vgl. die Substantive *el anuncio, el cambio, la copia, la envidia, el estudio, el fastidio, el odio, la presencia, la renuncia* und das Adjektiv *limpio.*

18 Gruppe continuar

Pres. de ind.	*Pres. de subj.*	*Imperativo afirmativo y negativo*	
continúo	continúe		
continúas	continúes	continúa	no continúes
continúa	continúe	continúe	no continúe
continuamos	continuemos	continuemos	no continuemos
continuáis	continuéis	continuad	no continuéis
continúan	continúen	continúen	no continúen

In den stammbetonten Formen bildet das Stamm-*u* keinen Diphthong mit dem Endungsvokal, sondern wird als Stammvokal betont und erhält deshalb in der Schreibung den Akzent.

Vgl. Gruppe *averiguar* → 19.

Wichtigere Verben der Gruppe *continuar:*

acentuar	betonen	efectuar	ausführen
actuar	handeln	graduar	abstufen
continuar	fortsetzen	habituarse a	s. gewöhnen an
continuar + ger.	→ 221, → 413	insinuar	andeuten

19 **Gruppe averiguar**

Pres. de ind.	*Pres. de subj.*	*Imperativo afirmativo y negativo*	
averiguo	averigüe		
averiguas	averigües	averigua	no averigües
averigua	averigüe	averigüe	no averigüe
averiguamos	averigüemos	averigüemos	no averigüemos
averiguáis	averigüéis	averiguad	no averigüéis
averiguan	averigüen	averigüen	no averigüen

Das eigentlich zum Stamm gehörende *u* wird in keiner Form als Stammvokal betont, sondern bildet immer einen Diphthong mit dem Endungsvokal.

Orthographische Veränderung der Verben auf *-guar* → 60. Sie gilt nicht für Verben auf *-cuar*.

Einige Verben der Gruppe *averiguar:*

evacuar	räumen, entleeren	apaciguar	beschwichtigen
aguar	mit Wasser mischen	atestiguar	bezeugen
		averiguar	nachforschen
amortiguar	dämpfen, mildern	desaguar	entwässern

20 **Gruppe pensar**

Pres. de ind.	*Pres. de subj.*	*Imperativo afirmativo y negativo*	
pienso	piense		
piensas	pienses	piensa	no pienses
piensa	piense	piense	no piense
pensamos	pensemos	pensemos	no pensemos
pensáis	penséis	pensad	no penséis
piensan	piensen	piensen	no piensen

Bei zahlreichen Verben auf *-ar* wird in den stammbetonten Formen der Stammvokal *e* durch den Diphthong *ie* ersetzt.

Die wichtigsten Verben der Gruppe *pensar:*

apretar	drücken	empezar a	beginnen
atravesar	überqueren	negarse a	s. weigern
calentar	wärmen; heizen	nevar	schneien
cerrar	schließen	pensar en	denken an
comenzar	beginnen	recomendar	empfehlen
confesar	gestehen	sentarse	s. setzen

21 **Gruppe entender**

Pres. de ind.	*Pres. de subj.*	*Imperativo afirmativo y negativo*	
entiendo	entienda		
entiendes	entiendas	entiende	no entiendas
entiende	entienda	entienda	no entienda
entendemos	entendamos	entendamos	no entendamos
entendéis	entendáis	entended	no entendáis
entienden	entiendan	entiendan	no entiendan

> Wie bei der Gruppe *pensar* wird in den stammbetonten Formen der Gruppe *entender* der Stammvokal *e* durch den Diphthong *ie* ersetzt.

Die wichtigsten Verben der Gruppe *entender:*

ascender a	s. belaufen auf	entender	verstehen
defender	verteidigen	extenderse	s. ausdehnen
descender	absinken	perder	verlieren
encender	anzünden	tender a	neigen zu

22 **Gruppe cernir**

> Wie bei *entender* → 21 wird bei *cernir* und seinen Komposita in den stammbetonten Formen der Stammvokal *e* durch den Diphthong *ie* ersetzt.

Verben der Gruppe *cernir:*

cernir	sieben	discernir	unterscheiden, erkennen
concernir	betreffen		

23 **Gruppe adquirir**

> Bei *adquirir* und *inquirir* wird in den stammbetonten Formen der Stammvokal *i* durch den Diphthong *ie* ersetzt.

Einzige Beispiele:

adquirir	erwerben	inquirir	nachforschen

Vgl. jedoch *querer* → 47 und *requerir* → 30.

24 Gruppe contar

Pres. de ind.	*Pres. de subj.*	*Imperativo afirmativo y negativo*	
cuento	cuente		
cuentas	cuentes	cuenta	no cuentes
cuenta	cuente	cuente	no cuente
contamos	contemos	contemos	no contemos
contáis	contéis	contad	no contéis
cuentan	cuenten	cuenten	no cuenten

> Bei den Verben der Gruppe *contar* wird in den stammbetonten Formen das Stamm-*o* durch den Diphthong *ue* ersetzt.

Die wichtigsten Verben der Gruppe *contar:*

acordar	vereinbaren	encontrar	finden; treffen
acordarse de	s. erinnern an	encontrarse	s. befinden
acostarse	s. ins Bett legen	esforzarse	s. bemühen
aprobar	billigen	mostrar	zeigen
avergonzarse de	s. schämen über	probar	versuchen; beweisen
colgar	hängen; aufhängen		
comprobar	nachweisen; nachprüfen	recordar u.c.	s. erinnern an; erinnern an
consolar	trösten	rogar	bitten
contar	erzählen; zählen	sonar	klingen; läuten
costar	kosten	soñar con	träumen von
demostrar	beweisen	volar	fliegen

Vgl. die Substantive *el acuerdo*, *el consuelo*, *el cuento*, *el recuerdo*, *el sueño* usw.

25 Gruppe mover

Pres. de ind.	*Pres. de subj.*	*Imperativo afirmativo y negativo*	
muevo	mueva		
mueves	muevas	mueve	no muevas
mueve	mueva	mueva	no mueva
movemos	movamos	movamos	no movamos
movéis	mováis	moved	no mováis
mueven	muevan	muevan	no muevan

> Bei den Verben der Gruppe *mover* wird in den stammbetonten Formen das Stamm-*o* durch den Diphthong *ue* ersetzt.

Wichtigere Verben der Gruppe *mover:*

cocer	kochen	mover	bewegen
doler	schmerzen	oler a → 67	riechen nach
llover	regnen	remover	entfernen
morder	beißen	soler → 418	pflegen

26 Gruppe volver/resolver

Pres. de ind.	*Pres. de subj.*	*Imperativo afirmativo y negativo*
wie mover → 25	wie mover → 25	wie mover → 25
Participio	vuelto	resuelto

> Bei den Verben *volver* und allen Zusammensetzungen mit *-volver* und *-solver* wird in den stammbetonten Formen das Stamm-*o* durch den Diphthong *ue* ersetzt.
> Außerdem haben diese Verben ein unregelmäßiges Partizip.

Wichtigere Verben der Gruppe *volver/resolver:*

desenvolverse	s. entwickeln	volver a hacer	wieder tun
devolver	zurückgehen	volverse	s. umdrehen
envolver	einwickeln; einhüllen	volverse (loco)	(verrückt) werden
		disolver	auflösen
volver	zurückkommen	resolver	lösen, entscheiden

Vgl. *la vuelta,* aber *el desenvolvimiento, la devolución, la resolución.*

27 jugar

Pres. de ind.	*Pres. de subj.*	*Imperativo afirmativo y negativo*	
juego	juegue		
juegas	juegues	juega	no juegues
juega	juegue	juegue	no juegue
jugamos	juguemos	juguemos	no juguemos
jugáis	juguéis	jugad	no juguéis
juegan	jueguen	jueguen	no jueguen

> Bei *jugar* wird in den stammbetonten Formen das Stamm-*u* durch den Diphthong *ue* ersetzt. Orthographische Veränderung → 58.

jugar → 297 spielen

28 Gruppe ofrecer

Pres. de ind.	*Pres. de subj.*	*Imperativo afirmativo y negativo*	
ofrezco	ofrezca		
ofreces	ofrezcas	ofrece	no ofrezcas
ofrece	ofrezca	ofrezca	no ofrezca
ofrecemos	ofrezcamos	ofrezcamos	no ofrezcamos
ofrecéis	ofrezcáis	ofreced	no ofrezcáis
ofrecen	ofrezcan	ofrezcan	no ofrezcan

Bei den Verben auf *-acer* (ausgenommen *hacer* → 42 und Komposita),
bei den Verben auf *-ecer* (ausgenommen das regelmäßige Verb *mecer* → 61)
bei den Verben auf *-ocer* (ausgenommen *cocer* → 25)
bei den Verben auf *-ucir* (und den Verben auf *-ducir* → 37)
wird in der 1. Pers. Sg. des *presente de indicativo* und den daraus abgeleiteten Formen das Stamm-*c* durch *zc* ersetzt.

Wichtige Verben der Gruppe *ofrecer:*

agradecer u. c.	danken für	merecer	verdienen
aparecer	erscheinen	nacer	geboren werden,
crecer	wachsen		entstehen
desaparecer	verschwinden	obedecer	gehorchen
enriquecerse	s. bereichern	ofrecer	anbieten; bieten
conocer	kennen;	padecer de	leiden an
	kennenlernen	parecer	scheinen
desconocer	nicht kennen	permanecer	bleiben
establecer	errichten;	pertenecer a	gehören
	festlegen	reconocer	erkennen;
establecerse	s. niederlassen		anerkennen
favorecer	begünstigen	restablecer	wiederherstellen
florecer	blühen	relucir	schimmern

29 Gruppe pedir

Pres. de ind.	*Pres. de subj.*	*Imperativo afirmativo y negativo*	
pido	pida		
pides	pidas	pide	no pidas
pide	pida	pida	no pida
pedimos	pidamos	pidamos	no pidamos
pedís	pidáis	pedid	no pidáis
piden	pidan	pidan	no pidan

Pretérito indefinido		*Pretérito imperfecto de subjuntivo*	
pedí		pidiese	pidiera
pediste		pidieses	pidieras
pidió		pidiese	pidiera
pedimos		pidiésemos	pidiéramos
pedisteis		pidieseis	pidierais
pidieron		pidiesen	pidieran

Gerundio pidiendo

> Bei den Verben der Gruppe *pedir* wird das Stamm-*e* in allen Formen durch *i* ersetzt, die sonst kein selbständiges *i* enthalten würden. (Das im Diphthong *ie* oder *io* enthaltene *i* ist nicht selbständig silbenbildend).

Die wichtigsten Verben der Gruppe *pedir:*

concebir	erdenken	perseguir → 63	verfolgen
conseguir → 63	erlangen	reirse de	lachen über
despedirse	s. verabschieden	repetir	wiederholen
elegir	wählen	seguir → 63, → 222	folgen; fortfahren
impedir	verhindern	servir → 272	dienen
pedir a	verlangen von	vestirse	s. anziehen

30 **Gruppe sentir**

Pres. de ind.	*Pres. de subj.*	*Imperativo afirmativo y negativo*	
siento	sienta		
sientes	sientas	siente	no sientas
siente	sienta	sienta	no sienta
sentimos	sintamos	sintamos	no sintamos
sentís	sintáis	sentid	no sintáis
sienten	sientan	sientan	no sientan

Pretérito indefinido		*Pretérito imperfecto de subjuntivo*	
sentí		sintiese	sintiera
sentiste		sintieses	sintieras
sintió		sintiese	sintiera
sentimos		sintiésemos	sintiéramos
sentisteis		sintieseis	sintierais
sintieron		sintiesen	sintieran

Gerundio sintiendo

Bei der Gruppe *sentir* wird in den stammbetonten Formen das Stamm-*e* durch den Diphthong *ie* ersetzt. In den Formen, die ein silbenbildendes *i* enthalten, bleibt das Stamm-*e* erhalten, in allen anderen wird es durch *i* ersetzt. (Das *i* in den Diphthongen *ie* und *io* ist nicht silbenbildend).

Die wichtigsten Verben der Gruppe *sentir:*

advertir	aufmerks. machen; bemerken; warnen	divertir	jm. Spaß machen
		divertirse	s. vergnügen
arrepentirse de	bereuen	invertir	investieren
consentir	zustimmen	mentir	lügen
convertir en	machen zu	preferir	vorziehen
convertirse en	werden zu	referirse a	s. beziehen auf
diferir de	s. unterscheiden von	requerir	erfordern
		sentir	fühlen; bedauern

31 Gruppe dormir/morir

Pres. de ind.	*Pres. de subj.*	*Imperativo afirmativo y negativo*	
duermo	duerma		
duermes	duermas	duerme	no duermas
duerme	duerma	duerma	no duerma
dormimos	durmamos	durmamos	no durmamos
dormís	durmáis	dormid	no durmáis
duermen	duerman	duerman	no duerman

Pretérito indefinido	*Pretérito imperfecto de subjuntivo*	
dormí	durmiese	durmiera
dormiste	durmieses	durmieras
durmió	durmiese	durmiera
dormimos	durmiésemos	durmiéramos
dormisteis	durmieseis	durmierais
durmieron	durmiesen	durmieran

Participio	dormido/muerto	*Gerundio*	durmiendo/muriendo

In den stammbetonten Formen von *dormir* und *morir* wird das Stamm-*o* durch den Diphthong *ue* ersetzt. In den Formen, die ein silbenbildendes *i* enthalten, bleibt das Stamm-*o* erhalten, in allen anderen wird es durch *u* ersetzt. (Das *i* in den Diphthongen *ie* und *io* ist nicht silbenbildend).

Die wichtigsten Verben der Gruppe *dormir:*

dormir	schlafen	morir	sterben
dormirse	einschlafen	morirse	umkommen

32 **Gruppe construir**

Pres. de ind.	*Pres. de subj.*	*Imperativo afirmativo y negativo*	
construyo	construya		
construyes	construyas	construye	no construyas
construye	construya	construya	no construya
construimos	construyamos	construyamos	no construyamos
construís	construyáis	construid	no construyáis
construyen	construyan	construyan	no construyan

> In den Formen des *presente de indicativo*, deren Endung nicht mit *i* beginnt, und in den abgeleiteten Formen wird vor der Endung ein *y* eingeschoben.

Die Formen *construyó*, *construyeron* → *construyese*, *construyera* sowie *construyendo* sind nicht unregelmäßig, sondern nur orthographisch verändert → 66.

Die wichtigsten Verben der Gruppe *construir:*

concluir	abschließen; zu Ende gehen	disminuir	(s.) vermindern
		distribuir	verteilen
constituir	bilden; darstellen	excluir	ausschließen
		huir de	fliehen vor
construir	bauen	incluir	einschließen
contribuir a	beitragen zu	influir en	Einfluß haben auf
destruir	zerstören	sustituir	ersetzen

Die Konjugation der unregelmäßigen Verben

Die sogenannten unregelmäßigen Verben weisen zum Teil weniger Unregelmäßigkeiten auf als die Gruppenverben. Auch haben sie untereinander viele Ähnlichkeiten in der Bildung der einzelnen Formen.

In fast allen Fällen gelten auch bei den unregelmäßigen Verben die allgemeinen Ableitungsregeln für Konjugationsformen → 1—7.

Wichtigste Unregelmäßigkeiten und Merkformen sind:

a) 1. Pers. Sg. *presente de ind.* und die daraus abgeleiteten Formen. z. B. *tener, tengo → tenga.*

b) Stamm des *pret. indefinido.* Die Konjugation entspricht entweder dem Modell *tuve (pude, hice)* oder dem regelmäßigen Modell *salí (caí, di;* Ausnahme: *fue*).

c) Stamm des *futuro imperfecto* (und *potencial*). Die Endungen sind regelmäßig.

d) *Participio*

e) *Gerundio*

f) *Imperativo afirm.* 2. Pers. Sg., teilweise abweichend von Regel → 3.

g) *Pret. imperfecto* nur bei drei Verben: *era, iba, veía.*

Formen, die in der folgenden Übersicht nicht aufgeführt sind, sind regelmäßig oder entsprechen den normalen Ableitungsregeln 1—7.

33 **andar** gehen

Pretérito indefinido	*Pretérito imperfecto de subjuntivo*	
anduve	anduviese	anduviera
anduviste	anduvieses	anduvieras
anduvo	anduviese	anduviera
anduvimos	anduviésemos	anduviéramos
anduvisteis	anduvieseis	anduvierais
anduvieron	anduviesen	anduvieran

Andar bezeichnet die Bewegung nicht lebender Dinge — *¿ Anda el reloj?* oder die Fortbewegung zu Fuß — *¿Tomamos el coche o vamos andando?* Vgl. *ir* → 43, → 302.

34 **asir** fassen

Presente de indicativo	*Presente de subjuntivo*
asgo	asga
ases	asgas
ase usw.	asga usw.

Asir wird selten gebraucht, dafür meist *coger, agarrar.*

35 caber hineinpassen, Platz finden

Presente de indicativo	*Presente de subjuntivo*
quepo	quepa
cabes	quepas
cabe	quepa
cabemos	quepamos
cabéis	quapáis
caben	quepan

Pretérito indefinido	*Pretérito imperfecto de subjuntivo*	
cupe	cupiese	cupiera
cupiste	cupieses	cupieras
cupo	cupiese	cupiera
cupimos	cupiésemos	cupiéramos
cupisteis	cupieseis	cupierais
cupieron	cupiesen	cupieran

Futuro imperfecto	*Potencial*
cabré	cabría
cabrás	cabrías
cabrá	cabría
cabremos	cabríamos
cabréis	cabríais
cabrán	cabrían

36 caer fallen

Presente de indicativo	*Presente de subjuntivo*
caigo	caiga
caes	caigas
cae	caiga
caemos	caigamos
caéis	caigáis
caen	caigan

Gerundio cayendo *Participio* caído

Orthographische Veränderung wie im *gerundio: cayendo* auch im *pret. indefinido* und den daraus abgeleiteten Formen: *cayó, cayeron* → *cayese, cayera* → 66.

37 **conducir** führen

Presente de indicativo	*Presente de subjuntivo*
conduzco	conduzca
conduces	conduzcas
conduce	conduzca
conducimos	conduzcamos
conducís	conduzcáis
conducen	conduzcan

Pretério indefinido	*Pretérito imperfecto de subjuntivo*	
conduje	condujese	condujera
condujiste	condujeses	condujeras
condujo	condujese	condujera
condujimos	condujésemos	condujéramos
condujisteis	condujeseis	condujerais
condujeron	condujesen	condujeran

Ebenso alle mit *-ducir* zusammengesetzten Verben, unter anderen:

deducir de	folgern aus	reducir	verringern
introducir	einführen	seducir	verführen
producir	herstellen	traducir	übersetzen
producirse	s. ereignen		

38 **dar** geben

Presente de indicativo	*Presente de subjuntivo*
doy	dé → 69
das	des
da	dé → 69
damos	demos
dais	deis
dan	den

Pretérito indefinido	*Pretérito imperfecto de subjuntivo*	
di	diese	diera
diste	dieses	dieras
dio	diese	diera
dimos	diésemos	diéramos
disteis	dieseis	dierais
dieron	diesen	dieran

39 **decir** sagen

Presente de indicativo	*Presente de subjuntivo*
digo	diga
dices	digas
dice	diga
decimos	digamos
decís	digáis
dicen	digan

Pretérito indefinido	*Pretérito imperfecto de subjuntivo*	
dije	dijese	dijera
dijiste	dijeses	dijeras
dijo	dijese	dijera
dijimos	dijésemos	dijéramos
dijisteis	dijeseis	dijerais
dijeron	dijesen	dijeran

Futuro imperfecto	*Potencial*	*Imperativo afirmativo y negativo*	
diré	diría		
dirás	dirías	di	no digas
dirá	diría	diga	no diga
diremos	diríamos	digamos	no digamos
diréis	diríais	decid	no digáis
dirán	dirían	digan	no digan

Participio	dicho	*Gerundio*	diciendo

Die Komposita *bendecir* segnen, *maldecir* verfluchen und *contradecir* widersprechen haben regelmäßiges *futuro imperfecto* und *potencial (bendeciré, maldeciré, contradeciré)* und regelmäßigen Imperativ *(bendice, contradice)*. Die Partizipien sind *contradicho*, aber *bendecido* und *maldecido*.
Bendecido und *maldecido* dienen nur zur Bildung zusammengesetzter Formen. Die adjektivisch verwendeten Partizipien heißen *bendito*, *maldito*.

40 **estar** sein Konjugation → 10.

41 **haber** haben Konjugation → 8.

42 **hacer** machen

Presente de indicativo	*Presente de subjuntivo*
hago	haga
haces	hagas
hace	haga
hacemos	hagamos
hacéis	hagáis
hacen	hagan

Pretérito indefinido	*Pretérito imperfecto de subjuntivo*	
hice	hiciese	hiciera
hiciste	hicieses	hicieras
hizo	hiciese	hiciera
hicimos	hiciésemos	hiciéramos
hicisteis	hicieseis	hicierais
hicieron	hiciesen	hicieran

Futuro imperfecto	*Potencial*	*Imperativo afirmativo y negativo*	
haré	haría		
harás	harías	haz	no hagas
hará	haría	haga	no haga
haremos	haríamos	hagamos	no hagamos
haréis	haríais	haced	no hagáis
harán	harían	hagan	no hagan

Gerundio	haciendo	*Participio*	hecho

Ebenso *satisfacer* befriedigen, *deshacer* zunichte machen.
Satisfacer behält in allen Formen das *f*-.

43 **ir** gehen, fahren

Presente de indicativo	*Presente de subjuntivo*
voy	vaya
vas	vayas
va	vaya
vamos	vayamos
vais	vayáis
van	vayan

Pretérito imperfecto		*Imperativo afirmativo y negativo*	
iba			
ibas		ve/vete	no vayas
iba		vaya	no vaya
íbamos		vamos (!)	no vayamos
ibais		id	no vayáis
iban		vayan	no vayan

Pretérito indefinido		*Pretérito imperfecto de subjuntivo*	
fui		fuese	fuera
fuiste		fueses	fueras
fue		fuese	fuera
fuimos		fuésemos	fuéramos
fuisteis		fueseis	fuerais
fueron		fuesen	fueran

Gerundio	yendo → 67	*Participio*	ido

Subir hinaufgehen wird regelm. konjugiert.

44 **oir** hören

Presente de indicativo	*Presente de subjuntivo*
oigo	oiga
oyes	oigas
oye	oiga
oímos	oigamos
oís	oigáis
oyen	oigan

Pretérito indefinido		*Pretérito imperfecto de subjuntivo*	
oí		oyese	oyera
oíste		oyeses	oyeras
oyó		oyese	oyera
oímos		oyésemos	oyéramos
oísteis		oyeseis	oyerais
oyeron		oyesen	oyeran

Gerundio	oyendo	*Participio*	oído

Orthographische Veränderungen *oyó*, *oyeron*, *oyendo* usw. → 66.

45 **poder** können

Presente de indicativo	*Presente de subjuntivo*	
puedo	pueda	
puedes	puedas	
puede	pueda	
podemos	podamos	
podéis	podáis	
pueden	puedan	

Pretérito indefinido	*Pretérito imperfecto de subjuntivo*	
pude	pudiese	pudiera
pudiste	pudieses	pudieras
pudo	pudiese	pudiera
pudimos	pudiésemos	pudiéramos
pudisteis	pudieseis	pudierais
pudieron	pudiesen	pudieran

Futuro imperfecto	*Potencial*
podré	podría
podrás	podrías
podrá	podría
podremos	podríamos
podréis	podríais
podrán	podrían

Gerundio pudiendo *Participio* podido

46 **poner** setzen, stellen, legen

Presente de indicativo	*Presente de subjuntivo*
pongo	ponga
pones	pongas
pone	ponga
ponemos	pongamos
ponéis	pongáis
ponen	pongan

Pretérito indefinido		*Pretérito imperfecto de subjuntivo*	
puse		pusiese	pusiera
pusiste		pusieses	pusieras
puso		pusiese	pusiera
pusimos		pusiésemos	pusiéramos
pusisteis		pusieseis	pusierais
pusieron		pusiesen	pusieran

Futuro imperfecto	*Potencial*	*Imperativo afirmativo y negativo*	
pondré	pondría		
pondrás	pondrías	pon	no pongas
pondrá	pondría	ponga	no ponga
pondremos	pondríamos	pongamos	no pongamos
pondréis	pondríais	poned	no pongáis
pondrán	pondrían	pongan	no pongan

Gerundio	poniendo	*Participio*	puesto

Ebenso die Komposita, u. a.:

componer	zusammenstellen	reponerse	s. erholen
descomponerse	zerfallen	suponer	vermuten; voraussetzen
disponer de	verfügen über		

47 **querer** wollen, lieben

Presente de indicativo	*Presente de subjuntivo*
quiero	quiera
quieres	quieras
quiere	quiera
queremos	queramos
queréis	queráis
quieren	quieran

Pretérito indefinido	*Pretérito imperfecto de subjuntivo*	
quise	quisiese	quisiera
quisiste	quisieses	quisieras
quiso	quisiese	quisiera
quisimos	quisiésemos	quisiéramos
quisisteis	quisieseis	quisierais
quisieron	quisiesen	quisieran

Futuro imperfecto		*Potencial*	
querré		querría	
querrás		querrías	
querrá		querría	
querremos		querríamos	
querréis		querríais	
querrán		querrían	

Gerundio	queriendo	*Participio*	querido

Vgl. *requerir* → 30, *adquirir* → 23, *quisiera* → 160

48 **saber** wissen, erfahren

Presente de indicativo		*Presente de subjuntivo*	
sé		sepa	
sabes		sepas	
sabe		sepa	
sabemos		sepamos	
sabéis		sepáis	
saben		sepan	

Pretérito indefinido		*Pretérito imperfecto de subjuntivo*	
supe		supiese	supiera
supiste		supieses	supieras
supo		supiese	supiera
supimos		supiésemos	supiéramos
supisteis		supieseis	supierais
supieron		supiesen	supieran

Futuro imperfecto	*Potencial*	*Imperativo afirmativo y negativo*	
sabré	sabría		
sabrás	sabrías	sabe	no sepas
sabrá	sabría	sepa	no sepa
sabremos	sabríamos	sepamos	no sepamos
sabréis	sabríais	sabed	no sepáis
sabrán	sabrían	sepan	no sepan

Gerundio	sabiendo	*Participio*	sabido

49 **salir** hinausgehen

Presente de indicativo		*Presente de subjuntivo*	
salgo		salga	
sales		salgas	
sale		salga	
salimos		salgamos	
salís		salgáis	
salen		salgan	

Futuro imperfecto	*Potencial*	*Imperativo afirmativo y negativo*	
saldré	saldría		
saldrás	saldrías	sal	no salgas
saldrá	saldría	salga	no salga
saldremos	saldríamos	salgamos	no salgamos
saldréis	saldríais	salid	no salgáis
saldrán	saldrían	salgan	no salgan

Gerundio	saliendo	*Participio*	salido

50 **ser** sein Konjugation → 9.

51 **tener** haben

Presente de indicativo		*Presente de subjuntivo*	
tengo		tenga	
tienes		tengas	
tiene		tenga	
tenemos		tengamos	
tenéis		tengáis	
tienen		tengan	

Pretérito indefinido		*Pretérito imperfecto de subjuntivo*	
tuve		tuviese	tuviera
tuviste		tuvieses	tuvieras
tuvo		tuviese	tuviera
tuvimos		tuviésemos	tuviéramos
tuvisteis		tuvieseis	tuvierais
tuvieron		tuviesen	tuvieran

Futuro imperfecto	*Potencial*	*Imperativo afirmativo y negativo*	
tendré	tendría		
tendrás	tendrías	ten	no tengas
tendrá	tendría	tenga	no tenga
tendremos	tendríamos	tengamos	no tengamos
tendréis	tendríais	tened	no tengáis
tendrán	tendrían	tengan	no tengan

Gerundio	teniendo	*Participio*	tenido

Ebenso die Komposita, u. a.:

abstenerse de	s. enthalten	entretener	unterhalten
atenerse a	s. halten an	mantener	aufrechterhalten
contener	enthalten	obtener	erlangen
detener	anhalten	sostener	behaupten

Verwendung von *tener* → 91, *tener que* → 254

52 **traer** bringen

Presente de indicativo	*Presente de subjuntivo*
traigo	traiga
traes	traigas
trae	traiga
traemos	traigamos
traéis	traigáis
traen	traigan

Pretérito indefinido	*Pretérito imperfecto de subjuntivo*	
traje	trajese	trajera
trajiste	trajeses	trajeras
trajo	trajese	trajera
trajimos	trajésemos	trajéramos
trajisteis	trajeseis	trajerais
trajeron	trajesen	trajeran

Gerundio	trayendo	*Participio*	traído

Ebenso die Komposita, u. a.:

atraer	anziehen	contraer	zusammenziehen

53 **valer** wert sein, gelten

Presente de indicativo	*Presente de subjuntivo*
valgo	valga
vales	valgas
vale	valga
valemos	valgamos
valéis	valgáis
valen	valgan

Futuro imperfecto	*Potencial*
valdré	valdría
valdrás	valdrías
valdrá	valdría
valdremos	valdríamos
valdréis	valdríais
valdrán	valdrían

Der Imperativ kommt praktisch nur vor in *¡válgame Dios!* helfe mir Gott!

54 **venir** kommen

Presente de indicativo	*Presente de subjuntivo*
vengo	venga
vienes	vengas
viene	venga
venimos	vengamos
venís	vengáis
vienen	vengan

Pretérito indefinido	*Pretérito imperfecto de subjuntivo*	
vine	viniese	viniera
viniste	vinieses	vinieras
vino	viniese	viniera
vinimos	viniésemos	viniéramos
vinisteis	vinieseis	vinierais
vinieron	viniesen	vinieran

Futuro imperfecto	*Potencial*	*Imperativo afirmativo y negativo*	
vendré	vendría		
vendrás	vendrías	ven	no vengas
vendrá	vendría	venga	no venga
vendremos	vendríamos	vengamos	no vengamos
vendréis	vendríais	venid	no vengáis
vendrán	vendrían	vengan	no vengan

Gerundio	viniendo	*Participio*	venido

Ebenso die Komposita, u. a.:

convenir	vereinbaren	intervenir	eingreifen
conviene	es ist zweckmäßig	prevenir	verhüten

55 **ver** sehen

Presente de indicativo	*Presente de subjuntivo*
veo	vea
ves	veas
ve	vea
vemos	veamos
veis	veáis
ven	vean

Pretérito imperfecto de indicativo	*Imperativo afirmativo y negativo*	
veía		
veías	ve	no veas
veía	vea	no vea
veíamos	veamos	no veamos
veíais	ved	no veáis
veían	vean	no vean

Gerundio	viendo	*Participio*	visto

Ebenso die Komposita

entrever	undeutl. sehen	prever	vorsehen; vorhersehen

Betonung der Komposita: *preveo, prevés, prevé, prevemos, prevéis, prevén.*
Regelmäßig konjugiert *proveer de* versorgen mit; Partizip jedoch *provisto de.*

Anm. Die Formen von *ver* erklären sich z. T. aus einer früheren Form *veer*. Vgl. *proveer, creer, leer.*

56 **abrir**	**abierto**	**imprimir**	**impreso**
cubrir	**cubierto**	**proveer**	**provisto**
escribir	**escrito**	**romper**	**roto**

> Einige sonst völlig regelmäßige Verben haben unregelmäßiges Partizip: *abrir* öffnen, *cubrir de* bedecken mit, *escribir* schreiben, *imprimir* drucken, *proveer de* versehen mit, *romper* zerreißen, zerbrechen.

Ebenso die Komposita dieser Verben, mit Ausnahme von *corromper* verderben: *corrompido*. Regelmäßiges Partizip haben auch die anderen Zusammensetzungen mit *-primir: oprimir, suprimir, comprimir*.

Orthographische Besonderheiten in der Konjugation

Die Aussprache des Verbstamms darf im Spanischen nicht durch wechselnde Endungen verändert werden. Daraus ergibt sich bei einer Reihe von Verben die Notwendigkeit von Änderungen in der Schreibweise, die ja die Aussprache eindeutig wiedergeben muß. Es folgt für jede dieser orthographischen Besonderheiten ein Beispiel.
Außerdem gelten für *i* und *y* und für den Akzent bestimmte allgemeinere Regeln, die auch einige Verbformen betreffen.

57 **-car** (Beispiel: *aparcar* parken)

Presente de subjuntivo		*Pretérito indefinido*
aparque	aparquemos	aparqué
aparques	aparquéis	aparcaste
aparque	aparquen	aparcó etc.

> Bei den Verben auf *-car* wird *c* zu *qu* vor *e*.

58 **-gar** (Beispiel: *llegar* ankommen)

Presente de subjuntivo		*Pretérito indefinido*
llegue	lleguemos	llegué
llegues	lleguéis	llegaste
llegue	lleguen	llegó etc.

> Bei den Verben auf *-gar* wird *g* zu *gu* vor *e*.

59 **-zar** (Beispiel: *enlazar* verbinden)

Presente de subjuntivo		*Pretérito indefinido*
enlace	enlacemos	enlacé
enlaces	enlacéis	enlazaste
enlace	enlacen	enlazó etc.

Bei den Verben auf *-zar* wird *z* zu *c* vor *e*.

60 **-guar** (Beispiel: *averiguar* nachforschen)

Presente de subjuntivo		*Pretérito indefinido*
averigüe	averigüemos	averigüé
averigües	avergüéis	averiguaste
averigüe	averigüen	averiguó etc.

Bei den Verben auf *-guar* wird *gu* zu *gü* vor *e*. → 19

Entsprechend auch die diphthongierenden Formen von *avergonzarse: me avergüenzo, que se avergüence* usw.

61 **mecer** wiegen

Presente de indicativo	*Presente de subjuntivo*	
mezo	meza	mezamos
meces	mezas	mezáis
mece etc.	meza	mezan

Bei *mecer* wird *c* zu *z* vor *a* und *o*. Ebenso auch bei *hacer: hizo*.

62 **-ger, -gir** (Beispiel: *proteger* beschützen, *dirigir* leiten)

Presente de indicativo	*Presente de subjuntivo*	
protejo	proteja	protejamos
proteges	protejas	protejáis
protege etc.	proteja	protejan

Bei Verben auf *-ger* und *-gir* wird *g* zu *j* vor *o* und *a*.

Anm. Umgekehrt wird *j* vor hellen Vokalen nicht verändert: *trabajar, trabaje, trabajé*.

63 **-guir** (Beispiel: *distinguir* unterscheiden)

Presente de indicativo	*Presente de subjuntivo*	
distingo	distinga	distingamos
distingues	distingas	distingáis
distingue etc.	distinga	distingan

Bei den Verben auf *-guir* wird *gu* zu *g* vor *o* und *a*.

64 **delinquir** eine Straftat begehen

Presente de indicativo	*Presente de subjuntivo*	
delinco	delinca	delincamos
delinques	delincas	delincáis
delinque etc.	delinca	delincan

Bei *delinquir* wird *qu* zu *c* vor *o* und *a*.

65 **bullir**	**bulló**	**bulleron**	**bullendo**	sieden
teñir → 29	**tiñó**	**tiñeron**	**tiñendo**	färben
reir → 29	**rió**	**rieron**	**riendo**	lachen

Verben, deren Stamm mit *ll* oder *ñ* endet, verlieren entsprechend der Aussprache das unbetonte *i* der Endungen *-ió, ieron, -iendo*. Das gleiche gilt für *reir*, wo zwei unbetonte *i* verschmelzen.

Ebenso bei den Indefinido-Stämmen auf *j: dijeron, trajeron, condujeron.*

66 **leer**	**leyó**	**leyeron**	**leyendo**	lesen

Das zu einem Diphthong gehörende unbetonte *i* zwischen Vokalen wird *y*.

Wichtige betroffene Verben: *caer* → 36, *creer, traer* → 52, *construir* → 32.

67 **errar** → 20	**yerro, yerras, yerra etc.**	irren
oler → 25	**huelo, hueles, huele etc.**	riechen

Wortbeginn *ie-* wird zu *ye-*, Wortbeginn *ue-* wird zu *hue-*. Vgl. *ir: yendo.*

68 **creer** **creímos** **creído** glauben

Der betonte Endungsvokal *i* wird vom Stammvokal durch Akzent abgesetzt.

Weitere betroffene Verben: *leer*, *oir*, *caer*, *reir* usw.
Die Regel gilt nicht für Infinitive und nicht für den Diphthong *ui: huimos.*

69 **dar** **dé** **saber** **sé**

Einsilbige Verbformen tragen keinen Akzent: *fui*, *fue*, *ve*, *vio*, *dio* usw. Zur Unterscheidung von der Präposition *de* trägt *dé* (von *dar*) Akzent, ebenso *sé* (von *saber*) zur Unterscheidung des Pronomens *se*.

Andere Unterscheidungsakzente → 639.
Nicht durch Akzent unterschieden sind *ve* (Imperativ von *ver*/Imperativ von *ir*) und *di* (Imperativ von *decir*/*pretérito indefinido* von *dar*).

Die Einteilung der Verben

70 **Compró el coche.** Er kaufte das Auto.

Verben mit Akkusativobjekt nennt man transitive Verben.

Die meisten Verben, die im Dt. transitiv sind, sind es auch im Spanischen.
Transitiv ist im Sp. auch *ayudar* helfen: *La ayudé* ich half ihr.

71 **Vivía en Madrid.** Er lebte in Madrid
Fue a casa. Er ging nach Hause.

Verben, die kein Akkusativobjekt haben, nennt man intransitive Verben. Hierzu gehören vor allem Verben der Bewegung.

Beachten Sie: Nach *preguntar* steht die befragte Person im Dativ: *Le pregunté a María.*
Das Gefragte (nicht der Befragte) ist jedoch Akkusativobjekt: *Se lo pregunté a María.* Ich fragte Maria danach, ich fragte sie das.
Übersicht über Satzkonstruktionen mit wichtigen Verben → 255—272.

72 **Enrique se lava.** Enrique wäscht sich.

> Verben, deren Handlung auf das Subjekt gerichtet ist, nennt man reflexive Verben.

Übersicht über die vielfältige Verwendung reflexiver Verben und reflexiver Verbformen → 75—80. Konjugation der reflexiven Verben → 15. Reflexivpronomen → 463.

73

Nos conocemos desde hace mucho tiempo.	Wir kennen uns seit langer Zeit.
Estos hermanos **se odian el uno al otro.**	Diese Geschwister hassen einander.
Nos ayudamos mutuamente.	Wir helfen uns gegenseitig.

> Verben, die zwei oder mehr Subjekte haben und deren Handlung wechselseitig auf diese Subjekte gerichtet ist, nennt man reziproke Verben.

Die Formen des reziproken und des reflexiven Verbs sind gleich. Die Gegenseitigkeit wird oft zusätzlich ausgedrückt durch Pronomen oder Adverb: *uno a otro, el uno al otro, unos a otros, los unos a los otros* — einander; *mutuamente* gegenseitig.

74 **Llueve, relampaguea y truena.** Es regnet, blitzt und donnert.

> Manche Verben kommen nur in der 3. Pers. Sg. ohne eigenes Subjekt vor. Man nennt sie unpersönliche Verben.

Andere Verben werden in bestimmter Bedeutung unpersönlich verwendet:

Hace una hora.	Es ist eine Stunde her. Vor einer Std.
Ya es tarde.	Es ist schon spät.
Basta con decírselo.	Es genügt, wenn man es ihm sagt.
Hay cosas que no entiendo.	Es gibt Dinge, die ich nicht verstehe.
Se trata de evitar disgustos.	Es geht darum, Ärger zu vermeiden.

Unpersönliches Verb in Verbindung mit Modalverb:

Puede haber cosas muy divertidas.	Es kann sehr lustige Dinge geben.

Unpersönlich verwendeten Verben entspricht im Dt. oft eine persönliche Konstruktion:

Me parece que es interesante.	Ich finde, daß es interessant ist.
Me gusta que vengan los amigos.	Ich mag es, wenn die Freunde kommen.

Reflexive Verben und reflexiv gebrauchte Verben

Das reflexive Verb und reflexive Formen transitiver und intransitiver Verben spielen im Sp. eine sehr bedeutende Rolle. Besonders wichtig ist die Umschreibung des Passivs sowie die Bezeichnung eines unbestimmten Subjekts durch reflexive Verbformen. Konjugation → 15. Reflexivpronomen → 463—464, → 473—480.

75 **Se abre la puerta.** Die Tür öffnet sich, sie geht auf.

Viele transitive Verben werden auch reflexiv gebraucht, also mit Reflexivpronomen als Akkusativobjekt.

Die häufigsten dieser reflexiv gebrauchten Verben sind:

abrirse	aufgehen	hacerse → 42	werden
aburrirse	s. langweilen	hallarse	s. befinden
acercarse a	s. nähern	inclinarse a	geneigt sein zu
acordarse de → 24	s. erinnern an	levantarse	aufstehen
acostumbrarse a	s. gewöhnen an	llamarse	heißen
alegrarse de	s. freuen über	meterse	s. einmischen
alejarse	s. entfernen	mostrarse → 24	s. zeigen als
asomarse	sichtbar werden	moverse → 25	s. bewegen
burlarse de	s. lustig machen	negarse a → 20	s. weigern
cansarse de	müde werden	ocuparse de	s. beschäftigen mit
casarse con	heiraten	pararse	stehenbleiben
convertirse en → 30	werden zu	perderse → 21	verlorengehen
		ponerse → 46	werden
decidirse a	s. entschließen	ponerse a → 46	anfangen zu
despedirse de → 29	s. verabschieden	preocuparse por	s. Sorgen machen
		presentarse	s. vorstellen
detenerse → 51	stehenbleiben	referirse a → 30	s. beziehen auf
dirigirse a	s. wenden an	retirarse	s. zurückziehen
divertirse → 30	s. vergnügen	reunirse (se reúnen)	s. versammeln
empeñarse en	unbedingt wollen		
enamorarse de	s. verlieben	sentarse → 20	s. setzen
encontrarse → 24	s. befinden	sentirse → 30	s. fühlen
enterarse de	etw. erfahren	tratarse de	s. handeln um
equivocarse	s. täuschen	verse (obligado a) → 55	s. (gezwungen) sehen
escaparse	entwischen		
extenderse a → 21	s. erstrecken auf	vestirse → 29	s. anziehen
fijarse en	etw. beachten	volverse → 26	werden

76 **Se da mucha prisa.** Er beeilt sich sehr.

> Einige transitive Verben haben außer dem Akkusativobjekt *(prisa)* ein Reflexivpronomen als Dativobjekt.

Weitere Beispiele (statt Akkusativobjekt kann ein Nebensatz — Objektsatz — stehen):

Así te vas a crear problemas.	So wirst du in Schwierigkeiten kommen.
Se toma mucho trabajo.	Er gibt sich viel Mühe, macht sich viel Arbeit.
¡Cuánta molestia se ha tomado!	Sie haben sich soviel Arbeit gemacht!
Me dije que no tenía sentido.	Ich sagte mir, daß es keinen Sinn hatte.
Yo no me explico esto.	Ich kann mir das nicht erklären.
Ahora ya puedo formarme una idea.	Jetzt kann ich mir schon ein Bild davon machen.
No puedo permitirme el lujo de gastar más.	Ich kann es mir nicht leisten, mehr auszugeben.
Tiene que ganarse la vida.	Er muß sich seinen Lebensunterhalt verdienen.
Ya me lo puedo imaginar.	Ich kann es mir schon vorstellen.
Ya me lo figuro.	Ich kann es mir schon vorstellen.
No me llevo gran cosa.	Ich nehme (mir) nicht viel mit.

77 **La hoja cayó al suelo.** Das Blatt fiel auf den Boden.
El chico se cayó al suelo. Der Junge fiel hin.

> Bei intransitiven Verben wird oft die reflexive Form verwendet, ohne daß dadurch eine wirkliche Bedeutungsänderung eintritt. Die reflexive Form zeigt stärkere gefühlsmäßige Anteilnahme des Sprechenden an.

Weitere Beispiele:

Este año ha caído mucha nieve.	Dieses Jahr ist viel Schnee gefallen.
El vaso se me ha caído.	Das Glas ist mir hinuntergefallen.
Murió en 1950.	Er starb 1950. (Objektive Feststellung).
El pobre chico se murió.	Der arme Kerl starb.
Comió mucha carne.	Er aß viel Fleisch.
Se comió toda la carne.	Er aß das ganze Fleisch auf. (Der Sprecher ist etwas belustigt oder erstaunt oder empört).

78 **El chico ha dormido.** Der Junge hat geschlafen.
El chico se ha dormido. Der Junge ist eingeschlafen.

Bei einer Reihe von Verben besteht zwischen der reflexiven und der nicht reflexiven Form ein mehr oder weniger großer Bedeutungsunterschied.

Die wichtigsten Beispiele:

dormir → 31	schlafen	dormirse	einschlafen
callar	schweigen	callarse	nichts mehr sagen
ir → 43	gehen	irse	weggehen
marchar	marschieren	marcharse	weggehen
quedar	übrigbleiben, übrig sein	quedarse	bleiben, nicht weggehen
parecer → 28	scheinen	parecerse a	ähneln
quitar	wegnehmen	quitarse u. c.	etw. ausziehen
poner → 46	setzen, stellen	ponerse u. c.	etw. anziehen
figurar (entre)	gehören zu	figurarse u. c.	s. etw. vorstellen
llevar	tragen, hinbringen	llevarse	mitnehmen

79 **Yo no me quejo de nada.** Ich beklage mich über nichts.

Einige Verben werden nur reflexiv gebraucht.

Die wichtigsten dieser Verben sind:

apoderarse de	s. bemächtigen	atenerse a → 51	s. halten an
arrepentirse de → 30	bereuen	atreverse a	wagen zu
		quejarse de	s. beklagen über

80 **Se me ocurre una cosa.** Ich habe eine Idee, mir fällt etwas ein.

Es gibt einige unpersönliche reflexive Verben.

Die wichtigsten Beispiele:

¿A quién se le ha ocurrido esta idea?	Wer ist denn auf diese Idee gekommen?
Se me olvidó decírtelo.	Ich vergaß ganz, es dir zu sagen.

Beachten Sie auch den Infinitiv dieser Verben:

Podría ocurrírsele preguntar.	Es könnte ihm einfallen zu fragen.
Una idea como ésta puede ocurrírsele a cualquiera.	Eine solche Idee kann jedem kommen.

Umschreibung eines unbestimmten Subjekts

81 **Hoy día se viaja más que antes.** Heutzutage reist man mehr als früher.

> Intransitive Verben werden in der 3. Pers. Sg. reflexiv gebraucht, wenn ein unbestimmtes Subjekt — man — angegeben werden soll.

82 **No puede uno acordarse de todo.** Man kann sich ja nicht an alles erinnern.
En España se acuesta uno más tarde. In Spanien geht man später zu Bett.

> In Verbindung mit reflexiven Verben wird das unbestimmte Pronomen *uno* gebraucht, wenn ein unbestimmtes Subjekt — man — angegeben werden soll.

Uno wird gelegentlich auch bei nicht reflexiven Verben statt der reflexiven Form verwendet, besonders bei *ser, estar* und *tener*. Dieses „man" entspricht oft nicht wie in 81 einem „alle Leute im allgemeinen", sondern eher einem „ich und meinesgleichen":
Uno no es tan idiota como cree esa gente. Man ist ja schließlich kein Dummkopf, wie diese Leute glauben!
No tiene uno interés en discutir con ellos. Man hat ja kein Interesse daran, mit denen zu diskutieren.

83 **Allí se construye una casa.** Dort baut man ein Haus.

> Auch transitive Verben werden reflexiv gebraucht, wenn ein unbestimmtes Subjekt — man — angegeben werden soll. Diese Form vertritt überwiegend das Passiv → 88.

84 **Allí se construyen varias casas.** Dort baut man mehrere Häuser.

> Steht das Akkusativobjekt des wie bei 83 reflexiv gebrauchten Verbs im Plural, so steht auch das Verb — im Gegensatz zur dt. Konstruktion mit man — im Plural.

Hier zeigt sich die Nähe der Konstruktion zur Umschreibung des Passivs → 88: *Las casas se construyen allí*, die Häuser werden dort gebaut. Daß *varias casas* im Beispiel Akkusativobjekt ist, geht nicht aus der Form hervor, denn Nominativ und Akkusativ sind ja gleich, sondern nur aus der Stellung nach dem Verb.

85 **Se podrá invitar a los amigos.** Man wird die Freunde einladen können.
Se les invitará, si te parece bien. Man wird sie einladen, wenn du magst.

Im Beispiel bilden Personen das Objekt, nicht Sachen wie in 84. In diesem Fall steht das Verb, wie im Dt., im Singular.

Der Akkusativ der Person unterscheidet sich deutlich vom Nominativ. Deshalb kann das Objekt des Verbs nicht auch als Subjekt eines Passivsatzes aufgefaßt werden.

Das Passiv und seine Ersatzformen

Im allgemeinen wird im Sp. nicht soviel passivisch ausgedrückt wie im Dt. Wenn es möglich ist zu sagen, was eine Person oder Sache *tut*, wird die aktivische Form der passivischen vorgezogen.
Andererseits gibt es natürlich Fälle, in denen nur das Passiv sinnvoll ist, in denen also zu sagen ist, was mit einer Person oder Sache *getan wird.* Ist von Kolumbus die Rede, so sagen wir: *Colón descubrió América.* Ist jedoch in erster Linie von Amerika die Rede, so müssen wir sagen: *América fue descubierta por Colón.* Amerika wurde von Kolumbus entdeckt.

86 En la Argentina, **el ministro alemán fue recibido por el presidente** de la República. Der deutsche Minister wurde vom Präsidenten der Republik empfangen.

Das Passiv wird gebildet mit *ser + Partizip.* Zur Angabe des „Urhebers", der handelnden Person, steht *por.*

Konjugation des Passivs → 12. Partizip → 232, → 234. Vgl. 102.

87 **La propuesta debe ser entregada** hasta el 1° de mayo.
Las propuestas deben ser entregadas hasta el 1° de mayo.
Der Vorschlag muß/die Vorschläge müssen bis 1. Mai eingereicht werden.

Das Partizip in Verbindung mit *ser* ist veränderlich. Es stimmt mit dem Subjekt in Geschlecht und Zahl überein.

Las propuestas han sido entregadas hoy. Das Partizip *sido* steht in Verbindung mit *haber* und ist unveränderlich. Konjugation Passiv → 12.

88 **Esta casa se va a vender mañana.** Das Haus wird morgen verkauft.
Estas casas se van a vender mañana. Diese Häuser werden morgen verkauft.

> Statt des eigentlichen Passivs steht weit häufiger die reflexive Verbform.

89 Allí **están construyendo** una nueva carretera. Da wird eine neue Straße gebaut.

> In der Umgangssprache wird statt Passiv oft das Aktiv mit unbestimmtem Subjekt — 3. Pers. Pl. — gebraucht, besonders dann, wenn die Auftraggeber der Handlung Behörden, Organisationen usw. sind.

90 **La casa ya está vendida.** Das Haus ist schon verkauft.

> Das Ergebnis einer passivischen Handlung — *la casa ha sido vendida* — wird im Zustandspassiv ausgedrückt: *estar + Partizip.*

Der Gebrauch von haber

91 Esta semana no **he trabajado** mucho. Diese Woche habe ich nicht viel gearbeitet.
He estado varias veces en el cine. Ich bin mehrmals im Kino gewesen.

> Das Hilfszeitwort *haber* dient zusammen mit dem Partizip zur Bildung des Perfekts und der anderen zusammengesetzten Zeiten aller Verben. Das Partizip ist unveränderlich. (*tener* ist Vollverb: *tengo tiempo* — ich habe Zeit).

Konjugation von *haber* → 8.

92 ¿ **Hay** una farmacia por aquí? Gibt es hier in der Nähe eine Apotheke?
Hay muchos alemanes en Chile. Es gibt viele Deutsche in Chile.

> *hay* ist eine unpersönliche Nebenform von *haber:* es gibt. Das folgende Objekt kann ein Sg. oder Pl. sein.

Había es gab, *ha habido* es hat gegeben, *habrá* es wird geben usw. → 8. Vgl. 95.

Auf die bei familiärer Begrüßung oft gestellte Frage *Hola, ¿ qué hay?* wird nicht unbedingt eine Antwort erwartet, ebenso auch bei dem Gruß *Hola, ¿ qué tal?*

93 **Hay que decírselo,** no hay remedio. Man muß es ihm sagen, da hilft nichts.

> *hay que* + *Infinitiv* wird viel häufiger verwendet als die Form *se tiene que* + *Infinitiv:* man muß.

94 **haber de** → 244 müssen

Der Gebrauch von estar

95 La Catedral **está en el centro de la ciudad.** Der Dom ist in der Innenstadt.

> *estar* wird verwendet zur Angabe des Orts.

Handelt es sich um die Anwesenheit von Personen, so wird der Ort oft selbst nicht genannt, wenn er sich klar aus der Gesprächssituation ergibt:

— ¿ Está el señor García?	Ist Herr García da?
— No, no está.	Nein, er ist nicht da.

Die örtliche Bedeutung von *estar* wird auch auf nicht konkrete räumliche Zuordnungen übertragen:

Mi coche está a la disposición de Vd.	Mein Wagen steht zu Ihrer Verfügung.
No estoy en condiciones de hacerlo.	Ich bin nicht in der Lage, es zu tun.
La decisión está en manos del Gobierno.	Die Entscheidung liegt bei der Regierung.

Beachten Sie die Sätze mit vorangestellter Ortsangabe:

Cerca de la Catedral hay una iglesia gótica.	In der Nähe des Doms ist eine gotische Kirche.
Cerca de la Catedral está la iglesia de Santa María del Mar.	In der Nähe des Doms steht die Kirche Santa María del Mar.

Steht das Subjekt mit unbestimmtem Artikel, so steht nach der vorangestellten Ortsangabe meist *hay*. *En la pared hay un cuadro.* An der Wand hängt ein Bild.

96 Mi madre **está enferma.** Meine Mutter ist krank.

> *estar* + *Adjektiv* wird verwendet zur Angabe des Zustandes.
> Vgl. Zustandspassiv → 90.

In vielen Fällen ist eine Veränderung des mit *estar* bezeichneten Zustands denkbar. Dies ist jedoch nicht Voraussetzung für die Verwendung von *estar*. Eine Krankheit könnte z.B. unheilbar sein; sie wäre jedoch deshalb nicht „wesentliche Eigenschaft" im Sinne der Verwendung von *ser* → 101, sondern Dauerzustand. Die kürzere oder längere Dauer des Zustands spielt also keine Rolle.

Weitere Beispiele:

¿ Cómo está Vd. ?	Wie geht es Ihnen?
Estoy muy bien/muy malo.	Es geht mir sehr gut/sehr schlecht.
Estoy que no puedo más.	Ich bin ganz erschöpft.
¿ Por qué estás tan nervioso?	Warum bist du so nervös?

97 Las chicas **estaban sentadas** a la mesa. Die Mädchen saßen am Tisch.

> *estar* wird verwendet zur Angabe der Stellung oder Lage.

Weitere Beispiele:

Los chicos estaban de pie.	Die Jungen standen.
La torre está todavía en pie.	Der Turm steht noch, er ist nicht eingestürzt.
Mi madre ya está acostada.	Meine Mutter liegt schon im Bett.

98 Mi padre **está muy bien. Se encuentra muy bien.** Meinem Vater geht es sehr gut.

> Einige Verben — z.B. *encontrarse* — werden häufig wie *estar* zur Angabe des Orts, des Zustandes oder der Lage verwendet.

Die wichtigsten dieser Verben in Beispielsätzen:

La casa se hallaba en malas condiciones.	Das Haus befand sich in schlechtem Zustand.
Iba acompañado de una señora.	Er war von einer Dame begleitet.
Todo eso va escrito en la botella.	Das alles steht auf der Flasche.
Estoy hecho polvo.	Ich bin völlig fertig.
Deja las flores sobre la mesa, así queda muy bien.	Laß die Blumen auf dem Tisch, das ist sehr hübsch so!
Después de la restauración, el palacio ha quedado muy bien.	Das Palais ist jetzt, nach der Restaurierung, sehr schön (geworden).
Su padre se quedó muy decepcionado.	Sein Vater war sehr enttäuscht.

Quedar wird für Sachen, *quedarse* in dieser Bedeutung — sein, geworden sein — nur für Personen gebraucht.

99 **estar + gerundio** → 220

Der Gebrauch von ser

100 — **¿ Quién es ese señor ? — Es el señor García.** Wer ist das? Herr García. — **¿ Qué es esto ? — Es un instrumento muy práctico.** Was ist das? Das ist ein sehr praktisches Instrument.

Mit *ser* + *Substantiv* werden Personen und Dinge identifiziert oder definiert: es wird gesagt, wer oder was sie sind.

Ser ist also eine sprachliche Entsprechung für das mathematische Zeichen =. Konjugation → 9.

Statt des Substantivs können alle Wortarten stehen, die substantivisch gebraucht werden, vor allem Pronomen und Infinitiv, außerdem Nebensätze, die die Funktion eines Substantivs im Satz übernehmen (daß-Satz als Subjekt- oder Objektsatz, Fragesatz):

El único que me ayuda es él.	Der einzige, der mir hilft, ist er.
Lo difícil es decírselo.	Das Schwierige ist, es ihm zu sagen.
El caso es que no tengo tiempo.	Die Sache ist die, daß ich keine Zeit habe.
Lo que quiero es que me vea.	Was ich will, ist, daß er mich sieht.
La cuestión es si viene.	Die Frage ist, ob er kommt.

Unterscheiden Sie *ser* und *estar de:*

Pepe es conserje en el hotel X.	Pepe ist Portier im Hotel X.
Paco es estudiante. De momento está de conserje en el hotel Y.	Paco studiert. Zur Zeit ist er als Portier im Hotel Y.

Selbst wenn Paco schon lange als Werkstudent „Nachtportier spielte", würde er nie sagen *soy conserje*, sondern immer *trabajo de conserje*, *estoy allí de conserje*, weil er sich nicht mit diesem Beruf identifiziert.

101 Esta máquina **es nueva.** Diese Maschine ist neu.

Mit *ser* + *Adjektiv* werden Eigenschaften angegeben, die als wesentliches Erkennungsmerkmal gelten (und nicht als Zustand → 96 oder Ergebnis einer Handlung oder Einwirkung anzusehen sind).

Ob die genannte wesentliche Eigenschaft als unveränderlich angesehen wird — *el alma es inmortal*, die Seele ist unsterblich — oder als vergänglich oder vorübergehend — *la casa es nueva*, das Haus ist neu —, spielt bei der Verwendung von *ser* nicht die entscheidende Rolle. Allerdings kann in bestimmten Fällen durch die Verwendung von *estar* betont werden, daß die genannte Eigenschaft entweder momentan besonders stark in den Vordergrund tritt oder daß sie nur in einem ganz bestimmten Zusammenhang gesehen werden darf. Hierzu einige Vergleichsbeispiele:

Carmen es guapa.	Carmen ist hübsch.
¡ Qué guapa estás, Carmen!	Du hast dich heute so hübsch gemacht!
Pedro es muy orgulloso.	Pedro ist stolz, eingebildet.
Está orgulloso de su éxito.	Er ist stolz auf seinen Erfolg.
Paco es muy seguro.	Paco ist sehr sicher im Auftreten, am Steuer usw.
Paco no está muy seguro de lo que dice.	Paco ist sich dessen, was er sagt, nicht ganz sicher.
Pepe es muy alto.	Pepe ist sehr groß.
Pepito está muy alto.	Pepito ist für sein Alter schon sehr groß.
La fruta es barata/cara aquí.	Obst ist hier billig/teuer.
De momento, las fresas están muy baratas/caras.	Zur Zeit sind Erdbeeren besonders billig/teuer.

In der Verbindung mit bestimmten Adjektiven bezeichnet *ser* wie immer eine allgemein gegebene Eigenschaft, *estar* einen eingetretenen — nicht immer vorübergehenden — Zustand. Auch hierzu einige Vergleichsbeispiele:

Pepito es muy bueno/muy malo.	Pepito ist sehr brav/sehr böse.
Pepito está muy bien/muy malo.	Es geht ihm sehr gut/sehr schlecht.
Esta carne es mala.	Das Fleisch ist qualitativ schlecht.
Esta carne está mala, está pasada.	Das Fleisch ist verdorben.
Este viento es frío/caliente.	Der Wind ist kalt/warm.
La sopa está fría/caliente.	Die Suppe ist kalt/warm.
Este trabajo es duro.	Diese Arbeit ist hart.
El pan está duro.	Das Brot ist hart (geworden).
Pedro es fuerte/débil.	Pedro ist stark/schwach.
Después de la operación estuvo muy débil.	Nach der Operation war er sehr schwach, sehr geschwächt.
Su novia es morena.	Seine Freundin ist dunkel.
Su novia está morena.	Seine Freundin ist braungebrannt.

La máquina es nueva.	Die Maschine ist neu, fabrikneu.
La máquina está nueva, está como nueva.	Die Maschine ist neuwertig, sie ist wie neu.
Alberto es joven/viejo.	Alberto ist jung/alt.
Alberto está joven/viejo.	Alberto wirkt jung/alt für sein Alter.
Antonio es muy alegre.	Antonio ist fröhlich (im Wesen).
Antonio está alegre hoy.	Er ist gut gelaunt, aufgekratzt.
Antonio está muy alegre.	Er ist ziemlich angeheitert.
La situación es clara.	Die Situation ist eindeutig klar.
La situación está clara ahora.	Die Situation ist jetzt geklärt.

Neben dem sachlich informierenden *es claro que* gibt es das impulsiver gesprochene, meist nachgestellte *claro está*. Ein inhaltlicher Unterschied wird meist nicht deutlich:

Es claro que quiere venir.	Es liegt auf der Hand, daß er kommen will.
Desde luego quiere venir, claro está.	Natürlich will er kommen, das ist doch klar!

102 Jorge **es aburrido.** Jorge ist langweilig, er ist ein langweiliger Kerl.

> Bestimmte Partizipien bilden in der Verbindung mit *ser* kein Passiv → 86, sondern werden als Adjektive verstanden.

Weitere Beispiele:

Este cuadro es muy parecido al otro.	Das Bild ist dem anderen sehr ähnlich.
Eres muy exagerado.	Du übertreibst gern.
¿ Por qué eres tan malpensado ?	Warum mußt du von anderen immer das Schlechteste annehmen ?
Este motor es muy sufrido.	Dieser Motor ist anspruchslos, widerstandsfähig.
No seas tan presumido.	Gib nicht so an, sei nicht so eingebildet.

Bei einigen dieser Adjektiv gewordenen Partizipien kann wie bei anderen Adjektiven je nach Zusammenhang und Bedeutung *ser* oder *estar* stehen. Vgl. 101.

Jorge es aburrido.	Jorge ist langweilig.
Jorge está aburrido.	Jorge langweilt sich.
Juan es muy distraído.	Juan ist sehr zerstreut.
Estaba un momento distraído.	Er war einen Augenblick abgelenkt.

Esta semana es muy agitada.	Diese Woche ist sehr bewegt, aufregend.
El mar está muy agitado hoy.	Das Meer ist heute sehr bewegt.
María es muy complicada.	Maria ist sehr schwierig.
El asunto es muy complicado.	Die Sache ist sehr kompliziert.
El asunto está muy complicado.	Die Angelegenheit ist augenblicklich sehr kompliziert.
La situación es desesperada.	Die Lage ist verzweifelt.
Jaime está desesperado.	Jaime ist verzweifelt.
Su padre es muy decidido.	Sein Vater ist sehr energisch.
Está decidido a hacerlo.	Er ist entschlossen, es zu tun.
Pedro es muy agradecido.	Pedro ist ein dankbarer Mensch.
Le estoy muy agradecido por su amabilidad.	Ich bin Ihnen sehr dankbar für Ihre Freundlichkeit.
Es cansado hacer siempre lo mismo.	Es ist ermüdend, immer das gleiche zu tun.
Estoy cansado del trabajo.	Ich bin müde von der Arbeit.
Estoy cansado de discutir con él.	Ich bin es leid, mit ihm zu streiten.

Ohne bewußte Unterscheidung werden gebraucht:

María es casada/está casada.	Maria ist verheiratet.

103 Mario no **es rico. Es pobre,** pero siempre **es feliz.** Mario ist nicht reich. Er ist arm, aber immer glücklich.

> Bei *rico*, *pobre* und *feliz* steht immer *ser* — ohne Berücksichtigung der möglichen Veränderung.

Eine Ausnahme bildet *rico* in Bezug auf Speisen:

¡ Qué rica está esta sopa!	Wie gut diese Suppe schmeckt!

104 Este paisaje **es de gran belleza.** Diese Landschaft ist von großer Schönheit.
Esta maleta **es de plástico.** Dieser Koffer ist aus Kunststoff.
Este vino **es de España.** Dieser Wein ist aus Spanien.
Esta carta **es de mucha importancia.** Dieser Brief ist sehr wichtig.
Esta correa **es de la lavadora.** Der Riemen ist von der Waschmaschine.
El coche **es de mi amigo.** Der Wagen ist von/gehört meinem Freund.

> *ser de + Substantiv* dient zur Angabe von charakteristischen Eigenschaften, Material, Herkunft, Wert, Zugehörigkeit, Besitz usw. Vgl. 108.

105 **¿ Cuántos alumnos son ?** Wieviele Schüler sind es? **¿ Son muchos ?** Sind es viele? **Son quince, pero no están más que diez.** Fünfzehn, aber es sind nur zehn da.

> *ser* wird bei der Angabe der Zahl verwendet. (*estar* steht in Verbindung mit Zahlen nur, wenn ausdrücklich von Anwesenheit die Rede ist).

Es spielt keine Rolle, ob es sich um eine unveränderlich feststehende oder um eine momentan gegebene, veränderliche Zahl handelt:

He contado las rosas. Son 25.	Ich habe die Rosen gezählt, es sind 25.
Ha venido mi hermano, de modo que ya somos cinco, pero vendrán más.	Mein Bruder ist gekommen, so daß wir jetzt fünf sind, aber es kommen mehr.

106 **Ya son las diez. Es tarde.** Es ist schon zehn Uhr. Es ist spät.

> dabei der bestimmte Artikel *la (hora)* bzw. *las (horas)*.

Einige Beispiele:

Es la una.	Es ist ein Uhr.
Es la una y cuarto.	Es ist Viertel nach eins.
Es la una y media.	Es ist halb zwei.
Son las dos menos veinticinco.	Es ist fünf nach halb zwei.
Son las dos menos cuarto.	Es ist dreiviertel zwei.
Son las dos de la tarde.	Es ist zwei Uhr (nach)mittags.
Es temprano/es tarde.	Es ist früh/es ist spät.
Es hora de empezar.	Es ist Zeit anzufangen.
Ahora es el momento adecuado.	Jetzt ist der richtige Zeitpunkt.
Era de día/era de noche.	Es war Tag/es war Nacht.

Beachten Sie jedoch folgende, auf die Person bezogenen Aussagen:

¿ A cuántos (del mes) estamos?	Den wievielten haben wir heute?
Ya estamos a 17 de junio. Es el 17.	Heute ist der 17. Juni.
Ya estamos en pleno invierno.	Wir sind schon mitten im Winter.

107 **¿ Ves allí el restaurante ? Es ahí donde mejor se come.** → 405.
Siehst du dort das Restaurant? Dort ißt man am besten.

> *ser* dient zur Angabe der Identität zweier Ortsangaben — *el restaurante es el lugar donde* . . . —, ohne selbst zur Ortsangabe zu dienen. Vgl. 95, 100.

Weitere Beispiele:

Por aquí debe de haber una farmacia, pero ¿ dónde será?	Es muß hier eine Apotheke geben, aber wo wird das (nicht sie!) sein?
Le encontré en España. Fue en Barcelona.	Ich traf ihn in Spanien. Das war in Barcelona.

Ebenso bezeichnet *ser* auch die Identität anderer adverbieller Angaben, wobei gelegentlich eine der beiden Angaben sinngemäß zu ergänzen ist:

Es por mí que no viene.	Der Grund, warum er nicht kommt, bin ich. Er kommt meinetwegen nicht.
Si no viene es porque no quiere.	Er kommt nur deshalb nicht, weil er nicht will.
Si no fuera por ti no iría.	Ich gehe nur deinetwegen hin.

108 **¿ Qué es de Alfonso?** Wie geht es Alfonso, was macht er?

> der allgemeinen Lebenssituation dieser Person.

Weitere Beispiele:

¿ Qué es de su vida?	Wie geht es Ihnen, was treiben Sie?
¿ Qué ha sido de María?	Was ist aus Maria geworden?
Si nos marchamos, ¿ qué será de los otros?	Wenn wir weggehen, was wird dann aus den anderen?

Vergleichen Sie auch:

¿ Qué se ha hecho de María?	Was ist aus Maria geworden?

Die Modi des Verbs

109 **Mi amigo ha trabajado mucho.** Mein Freund hat viel gearbeitet.
Creo que mi amigo ha trabajado mucho. Ich glaube, er hat viel gearbeitet.

> Der Modus — d.h. die Aussageweise — zur Angabe von Handlungen, Zuständen usw., die tatsächlich gegeben sind oder wenigstens als Tatsache betrachtet werden, heißt Indikativ: *trabaja*, *ha trabajado*, *trabajaba*, *había trabajado*, *trabajó*, *trabajará*.
> Der Indikativ steht in Haupt- und Nebensätzen.

110 **Espero que venga.** Ich hoffe, daß er kommt.
Es posible que venga. Es ist möglich, daß er kommt.
No es verdad que haya venido. Es ist nicht wahr, daß er gekommen ist.

Der Modus, der zur Angabe subjektiver Einstellung zu einer Handlung dient, heißt *modo subjuntivo*, kurz *subjuntivo: venga, viniera, viniese, haya venido, hubiera venido, hubiese venido.* *Subjuntivo* steht überwiegend in Nebensätzen, seltener als Ausdruck des Wunsches in Hauptsätzen.

Der *subjuntivo* dient in erster Linie nicht zur Mitteilung einer Tatsache, sondern zur Wiedergabe der persönlichen Einstellung des Sprechenden oder Handelnden zu einer möglichen oder tatsächlichen Handlung. Dabei läßt sich die Anwendung des *subjuntivo* in einige große Gruppen zusammenfassen: Ausdruck des Wunsches 120—124, Ausdruck des subjektiven Gefühls 125—129, Ausdruck der mehr oder weniger unsicheren Möglichkeit oder der Nichtwirklichkeit 130—133.

Der *subjuntivo* ist in seiner Bedeutung und Verwendung nur zu einem ganz kleinen Teil gleichzusetzen mit dem Konjunktiv im Dt., weshalb man auch besser die sp. Bezeichnung beibehält. Im Dt. wird der Konjunktiv, abgesehen von Wunsch- und Bedingungssätzen, in der indirekten Rede verwendet, überdies zumindest in der Umgangssprache oft willkürlich und nicht immer mit den korrekten Formen. Deshalb tut der Deutsche gut daran, außer in Wunsch- und Bedingungssätzen keine Übersetzungsparallelen zu ziehen.

111 **Mi amigo no vendría.** Mein Freund würde nicht kommen, käme nicht.

Der Modus, der zur Angabe von Handlungen oder Zuständen usw. dient, die nach Erfüllung bestimmter Bedingungen oder Voraussetzungen zustandekommen würden — also auch tatsächlich zustandekommen können —, heißt *modo potencial*, kurz *potencial: vendría, habría venido.* (Die Formen des *potencial* werden auch als Zeitstufe des Verbs verwendet → 185, → 188).

112 **¡Toma! ¡Tome Vd.!** Nimm! Nehmen Sie!

Der Modus, der zum Ausdruck eines direkt an eine Person gerichteten Befehls oder Wunsches dient, heißt Imperativ. Die Formen des Imperativs stammen z. T. aus dem Indikativ, z. T. aus dem *subjuntivo* → 163—164.

Der Gebrauch des Indikativs im Gegensatz zum Deutschen

113 **Dice que está enfermo.** Er sagt, er sei krank.

Indikativ steht im Sp. in der indirekten Rede. → 187—189.

114 **Si me ve, me mata** = Si me hubiese visto, me hubiera matado.
Wenn er mich gesehen hätte, hätte er mich umgebracht.

In sehr lebendiger Schilderung steht statt des irrealen Bedingungssatzes in der Vergangenheit auch Indikativ Präsens. Vgl. 171.

Der Gebrauch des subjuntivo im Hauptsatz

115 **Venga Vd., pasemos al otro lado.** Kommen Sie, gehen wir auf die andere Seite.

Subjuntivo steht im Hauptsatz in fast allen Formen des Imperativs → 163—164.

116 **¡Sea Vd. bien venido!** Seien Sie willkommen!

Subjuntivo steht im Hauptsatz zum Ausdruck eines Wunsches, der nicht als Aufforderung an eine Person aufzufassen ist.

117 **Que Dios nos bendiga a todos.** Gott segne uns alle.
¡Ojalá venga pronto! Hoffentlich kommt er bald.

Der durch *subjuntivo* ausgedrückte Wunsch im Hauptsatz wird oft eingeleitet durch *que* oder *ojalá*.

118 **Quizás/quizá venga mañana.** Vielleicht kommt er morgen.
Quizás viene mañana. Vielleicht kommt er morgen.

Nach *acaso*, *quizá(s)* und *tal vez* — vielleicht — steht häufig *subjuntivo*, aber auch Indikativ, je nach dem Grad der Wahrscheinlichkeit, der der Handlung beigemessen wird. (Vgl. *a lo mejor* + *Indikativ* → 283).

119 **Lo haremos, suceda lo que suceda.** Wir werden es tun, geschehe, was wolle. **Lo haré, diga lo que diga.** Ich werde es tun, sage er, was er wolle.

> *Subjuntivo* steht im Hauptsatz und einem nachfolgenden Relativsatz → 140 mit gleichem Verb in der Bedeutung eines Konzessivsatzes: selbst wenn das Schlimmste passieren sollte, selbst wenn er sehr dagegen protestiert oder protestieren sollte usw.

Subjuntivo im daß-Satz als Ausdruck der Willensäußerung

120 **Quisiera que venga mañana.** Ich möchte, daß er morgen kommt.

> *que + subjuntivo* steht nach Verben und Ausdrücken des Wunsches oder Befehls.

Weitere Beispiele:

Le voy a decir que lo haga.	Ich sage ihm, er soll es machen.
Nos han rogado que esperemos.	Sie haben uns gebeten zu warten.
Se empeña en que se lo digamos.	Er möchte unbedingt, daß wir es ihm sagen.
Insiste mucho en que no se lo digamos a nadie.	Er legt großen Wert darauf, daß wir es niemand sagen.
Insiste en que se haga todo como él dice.	Er besteht darauf, daß alles so gemacht wird, wie er sagt.
El ministro expresó el deseo de que se continuaran las negociaciones. → 192.	Der Minister äußerte den Wunsch, die Verhandlungen sollten fortgesetzt werden.
¿ Quiere que abra la ventana?	Soll ich das Fenster aufmachen?

Weitere Ausdrücke des Wunsches oder Befehls:

desear que	wünschen	mandar que	befehlen
exigir que	verlangen	ordenar que	anordnen
pedir que → 29	verlangen	dar la orden de que	den Befehl geben

Ist das Subjekt in Haupt- und Nebensatz gleich, so steht Infinitiv:

Se empeña en invitarnos.	Er will uns unbedingt einladen.

Nach *decir* steht Indikativ, wenn nicht eine Aufforderung ausgesprochen, sondern eine Mitteilung gemacht wird:

Le voy a decir que lo hago.	Ich sage ihm, daß ich es mache.

121 **Déjeme Vd. que se lo explique.** Lassen Sie mich Ihnen das erklären.

> *que+subjuntivo* steht nach Verben und Ausdrücken des Erlaubens. Vgl. 200.

Die Erlaubnis gehört im weiteren Sinne zu den Wünschen: der Erlaubende schließt sich dem Wunsch des anderen an. Weitere Ausdrücke des Erlaubens:

consentir → 30	bewilligen	no tener inconveniente en que	nichts dagegen haben, daß
permitir	erlauben		

122 **Le recomiendo que espere hasta que venga.** Ich empfehle Ihnen zu warten, bis er kommt.

> *que+subjuntivo* steht nach Verben und Ausdrücken des Rats und der Empfehlung.

El médico me aconsejó que me operara. → 192.	Der Arzt riet mir, ich solle mich operieren lassen.
Le advierto que no corra mucho con este coche, que ya es viejo.	Ich warne Sie davor, mit diesem Auto schnell zu fahren, es ist schon alt.
¿Por qué no le propone que trabaje con Vd.?	Warum schlagen Sie ihm nicht vor, mit Ihnen zu arbeiten?

Nach *proponer* steht auch bei Verschiedenheit des Subjekts öfter Infinitiv: *¿Por qué no le propone trabajar con Vd.?* Vgl. 200.
Advertir wird auch als Verb der Tatsachenmitteilung verwendet, also mit nachfolgendem Indikativ:

Le advierto que no tengo mucho tiempo.	Ich muß Sie darauf aufmerksam machen, daß ich nicht viel Zeit habe.

123 **No sé cómo consigue que todos hagan** lo que le conviene a él. Ich weiß nicht, wie er es fertigbringt, daß alle das tun, was ihm paßt.

> *que+subjuntivo* steht nach Verben, die eine Absicht erkennen lassen.

Weitere Beispiele:

Tenemos que evitar que esto se repita.	Wir müssen vermeiden, daß sich das wiederholt.
Pepito siempre hace que todos se rían.	Pepito bringt immer alle zum Lachen.
En el último momento pude impedir que se volcara el coche.	Im letzten Moment konnte ich verhindern, daß der Wagen sich überschlug.

Nach *hacer* steht meist auch dann *subjuntivo*, wenn die im daß-Satz genannte Handlung nicht absichtlich herbeigeführt wird, sondern nur Folge der im Hauptsatz ausgedrückten Tatsache ist:

El buen tiempo hace que todos salgan de la ciudad.	Das schöne Wetter bringt es mit sich, daß alle aus der Stadt hinausfahren.

124 No tiene objeto **forzarle a que haga una cosa** que no le parece bien. Es hat keinen Sinn ihn zu zwingen, etwas zu tun, was er nicht für richtig hält.

> *que + subjuntivo* steht nach Ausdrücken des Zwangs, der Notwendigkeit oder der Verpflichtung.

Da diese Ausdrücke Präpositionen erfordern — *forzar a*, *obligar a*, *la necesidad de* —, ist der Infinitiv als Objekt dieser Präpositionen häufiger:
No tiene objeto forzarle a hacer una cosa que no le parece bien.
Infinitiv steht sowieso in jedem Fall, wenn der Infinitiv das gleiche Subjekt wie der Hauptsatz hat: *Me veo obligado a decirle francamente que no puedo seguir trabajando en estas condiciones.* Ich sehe mich gezwungen, Ihnen offen zu sagen, daß ich unter diesen Bedingungen nicht weiterarbeiten kann.

Subjuntivo im daß-Satz als Ausdruck von Gefühlen

125 **Me alegro mucho (de) que Vd. venga.** Ich freue mich sehr, daß Sie kommen. **Me parece bien que se lo haya dicho.** Ich finde es ganz richtig, daß er es ihm gesagt hat.

> *que + subjuntivo* steht nach Verben und Ausdrücken der Freude und Anerkennung.

Weitere Beispiele:

Para mí es una gran satisfacción que acepte Vd. mi propuesta.	Für mich ist es eine große Freude, daß Sie meinen Vorschlag annehmen.
Está muy orgulloso de que su hijo haya ganado el concurso.	Er ist sehr stolz darauf, daß sein Sohn den Wettbewerb gewonnen hat.
Está muy bien que siempre diga la verdad.	Es ist sehr schön, daß er immer die Wahrheit sagt.

Beachten Sie aber den Indikativ nach *menos mal que:*

Menos mal que está mi hermano.	Nur gut, daß mein Bruder da ist!

126 **Me extraña que no haya recibido Vd. mis cartas.** Es kommt mir merkwürdig vor, daß Sie meine Briefe nicht bekommen haben.
Me molesta mucho que siempre llame a esta hora. Es stört mich sehr, daß er immer um diese Zeit anruft.

> *que + subjuntivo* steht nach Verben und Ausdrücken des Erstaunens und des Ärgers.

Weitere Beispiele:

Me sorprende mucho que no esté.	Es wundert mich, daß er nicht da ist.
Estoy muy sorprendido de que no haya llamado.	Ich bin sehr überrascht, daß er nicht angerufen hat.
Parece mentira que el vino sea tan caro aquí.	Es ist kaum zu glauben, daß der Wein hier so teuer ist.
Sólo faltaba que nos echaran a la calle.	Es hätte nur noch gefehlt, daß sie uns auf die Straße setzten.
¿Le molesta que fume?	Stört es Sie, wenn/daß ich rauche?
¿Tiene Vd. inconveniente en que fume?	Haben Sie etwas dagegen, wenn ich rauche?

Beachten Sie nach einigen dieser Ausdrücke den Indikativ im beschreibenden Relativsatz:

Parece mentira lo que dice.	Es klingt unglaublich, was er sagt.
Estoy muy sorprendido por lo que dice.	Ich bin sehr überrascht von dem, was er sagt.

127 **Francamente temo que me vayan a suspender en el examen.** Ich fürchte ehrlich gesagt, daß sie mich in der Prüfung durchfallen lassen.
A veces tengo la ligera esperanza de que me aprueben. Manchmal habe ich die leise Hoffnung, daß sie mich durchkommen lassen.

> *que + subjuntivo* steht nach Ausdrücken der Furcht und der Hoffnung.

Weitere Beispiele:

Tengo miedo de que me pregunten algo que no sé.	Ich habe Angst, daß sie mich etwas fragen, was ich nicht weiß.
Espero que las preguntas no sean demasiado difíciles.	Ich hoffe, daß die Fragen nicht zu schwer sind.

Futur nach *esperar* drückt sichere Erwartung aus:

Espero que vendrá.	Ich rechne mit seinem Kommen.

128 **Siento mucho que Vd. no haya podido venir.** Ich bedaure sehr, daß Sie nicht haben kommen können.

que + subjuntivo steht nach Verben und Ausdrücken des Bedauerns.

Weitere Beispiele:

¡Qué lástima que tengamos que trabajar con este tiempo tan estupendo!	Schade, daß wir bei dem herrlichen Wetter arbeiten müssen!
Es una pena que hoy no podamos ir a la piscina.	Ein Jammer, daß wir heute nicht ins Bad gehen können!

Zu den Ausdrücken gehört auch die Bitte um Entschuldigung:

Perdone Vd. que le llame a esta hora.	Entschuldigen Sie, daß ich um diese Zeit anrufe.

129 **Comprendo muy bien que no quiera trabajar en estas condiciones.** Ich verstehe sehr gut, daß er unter diesen Bedingungen nicht arbeiten will.

que + subjuntivo steht nach Ausdrücken des menschlichen Mitempfindens.

Beachten Sie, daß nicht jedes „Gefühl" menschliches Mitfühlen bedeutet:

Tengo la sensación/la impresión de que Margarita ha cambiado mucho.	Ich habe das Gefühl/den Eindruck, daß Margarita sich sehr verändert hat.

Subjuntivo im daß-Satz als Ausdruck der Nichtwirklichkeit

130 **No es que no quiera,** es que no puedo. Es ist nicht so, daß ich nicht will, ich kann einfach nicht!

que + subjuntivo steht nach verneinten Ausdrücken im Hauptsatz, die den Inhalt des daß-Satzes als nichtwirklich oder unrichtig erscheinen lassen.

Mit dieser Art von Sätzen begegnet man häufig einem ausgesprochenen oder auch nicht ausgesprochenen Gedanken des Gesprächspartners, den man als nicht richtig bezeichnen will:

— Yo no miento.	Ich lüge nicht!
— No digo que Vd. mienta, es que simplemente se equivoca.	Ich sage nicht, daß Sie lügen — Sie irren sich eben.

Beachten Sie, daß nicht jede Verneinung im Hauptsatz dazu dient, auch den Nebensatz als nichtwirklich oder unrichtig erscheinen zu lassen:

Desde luego, yo no le digo a nadie que tú has roto la ventana.	Ich sage natürlich niemand, daß du das Fenster kaputtgemacht hast.

131 **Francamente, yo no creo que a él le guste viajar tanto.** Ich glaube ehrlich gesagt nicht, daß er Spaß daran hat, soviel herumzureisen.
Dudo que le guste. Ich bezweifle, daß es ihm gefällt.

> *que + subjuntivo* steht nach Ausdrücken des Nichtglaubens und Bezweifelns, die den Inhalt des daß-Satzes als zweifelhaft erscheinen lassen.

Weitere Beispiele:

No tenemos ninguna garantía de que el dinero llegue a tiempo.	Wir haben keinerlei Garantie dafür, daß das Geld rechtzeitig kommt.
Vd. no puede convencerme de que mi amigo haya dicho tal cosa.	Sie können mich nicht davon überzeugen, daß mein Freund das gesagt hat.

Beachten Sie, daß diese Regel sich nur auf ein bewußtes Anzweifeln bezieht, nicht jedoch auf einen gewissen Rest von Zweifel, der immer dort vorhanden sein kann, wo kein festes Wissen besteht:

Creo que viene.	Ich glaube, er kommt.
Supongo que lo hará.	Ich vermute, er wird es tun.
Me parece que está muy enamorado.	Mir scheint, er ist sehr verliebt.
Nos parece indudable que vendrá.	Für uns besteht kein Zweifel daran, daß er kommen wird.
No cabe duda de que la firma es auténtica.	Es gibt keinen Zweifel darüber, daß die Unterschrift echt ist.

Beachten Sie, daß im Fragesatz mit *si* nicht *subjuntivo* stehen kann:

Dudaba de si podía hacerlo.	Er zweifelte, ob er es tun könne.

132 **El hecho de que esté solo no significa que se aburra, ni mucho menos.** Die Tatsache, daß er allein ist, heißt noch lange nicht, daß er sich langweilt.

> Nach *el hecho de que* steht meist *subjuntivo*, besonders dann, wenn der zugehörige Hauptsatz eine Negation enthält.

Der Sprechende leugnet nicht die nach *el hecho de que* genannte Tatsache, aber meist will er ihr das Gewicht nehmen, das ihr von anderen beigemessen wird.

In manchen Fällen drückt der *subjuntivo* auch ein subjektives Bedauern des Sprechenden darüber aus, daß er die genannte Tatsache zugeben muß:

El hecho de que haya aprobado el examen no dice nada.	Die Tatsache, daß er die Prüfung bestanden hat, sagt noch gar nichts!

Statt *el hecho de que* steht auch die verkürzte Form *el que:*

El que haya aprobado el examen no le da ninguna garantía de colocarse inmediatamente.	Daß er die Prüfung bestanden hat, gibt ihm noch nicht die Garantie, daß er sofort eine Stellung findet.

Auch positiv:

El que haya aprobado el examen ya es garantía suficiente de que se colocará inmediatamente.	Daß er die Prüfung bestanden hat, ist allein schon eine Garantie dafür, daß er sofort eine Stellung findet.

133 **¿ Vd. cree que todo eso sea verdad?** Glauben Sie denn wirklich, daß das alles wahr ist?

que + *subjuntivo* steht nach einer subjektiv verneinten Frage.

Auf die subjektiv verneinte Frage wird eine gegenteilige Antwort erwartet oder keine — denn der Fragende hat die erwartete Antwort eigentlich selbst schon gegeben, indem er den Inhalt des Nebensatzes anzweifelt → 131.
Wird jedoch auf die Frage eine Auskunft oder eine freie, unbeeinflußte Stellungnahme erwartet, so steht immer Indikativ:

¿Vd. cree que viene?	Glauben Sie, daß er kommt?
¿Cree Vd. que puede hacerlo?	Glauben Sie, daß sie es machen kann?
¿No cree Vd. que podemos salir mañana?	Glauben Sie nicht, daß wir morgen abfahren können?

134 *Subjuntivo* als Ausdruck der Nichtwirklichkeit im Bedingungssatz → 168—169.

Subjuntivo im daß-Satz nach unpersönlichen Ausdrücken

Die Verwendung des *subjuntivo* nach unpersönlichen Ausdrücken läßt sich weitgehend einordnen in die bereits behandelten Gruppen: Ausdruck des Gefühls 125—129, Ausdruck der Notwendigkeit 124, des Bedauerns 128 usw. *Subjuntivo* als Ausdruck der Unsicherheit in der Gegenwart oder Zukunft ist vergleichbar mit *subjuntivo* nach Ausdrücken des Wunsches 120—122, denn auch dort ist nie ganz sicher, ob der Wunsch erfüllt bzw. der Befehl befolgt wird.

135 **Es muy posible que venga mañana.** Es ist gut möglich, daß er morgen kommt.

Es posible que ya haya venido. Es ist möglich, daß er schon gekommen ist.

> *que + subjuntivo* steht nach unpersönlichen Ausdrücken, die eine Möglichkeit oder Wahrscheinlichkeit angeben. Der *subjuntivo* drückt dabei einen Faktor der Unsicherheit in der Gegenwart oder Zukunft aus.

Die wichtigsten Ausdrücke:

es posible	es ist möglich	es probable	es ist wahrscheinlich
es imposible	es ist unmöglich		
puede ser	es kann sein	es poco probable	es ist unwahrscheinlich
puede que	es kann sein, daß		

Daß *subjuntivo* sogar nach *es muy probable* steht, zeigt, daß hier mehr die Angleichung an andere unpersönliche Konstruktionen eine Rolle spielt als das Abwägen von Sicherheit und Unsicherheit. Beachten Sie aber:

Es seguro que viene.	Es ist sicher, daß er kommt.
Es cierto que ha trabajado muchísimo.	Es stimmt, daß er sehr viel gearbeitet hat.
Es indudable que su nueva película va a tener éxito.	Zweifellos wird sein neuer Film Erfolg haben.

136 **Es extraño que no venga nadie.** Es ist seltsam, daß niemand kommt.

> *que + subjuntivo* steht nach unpersönlichen Ausdrücken verschiedener Gefühlsäußerungen (Freude oder Zustimmung, Erstaunen und Ärger, Bedauern, Verständnis oder Mitfühlen). Vgl. 125—129.

Weitere Beispiele:

Es estupendo que Inés pueda ir a América.	Es ist herrlich, daß Inés nach Amerika fahren kann!
Es extraño que no haya aprendido a nadar, teniendo el mar tan cerca.	Merkwürdig, daß er nicht schwimmen gelernt hat, wo er das Meer so nahe hat.
Es bueno que no sepa que estoy aquí.	Es ist gut, daß er nicht weiß, daß ich hier bin.
Es lástima que el tiempo esté tan malo.	Schade, daß das Wetter so schlecht ist.
Da pena ver que le traten de esta forma.	Es tut einem leid, wenn man sieht, wie sie ihn behandeln.
Es lógico que al principio hagas muchas faltas.	Es ist doch ganz natürlich, daß du am Anfang viele Fehler machst.

Es muy natural que quiera volver a casa.	Es ist ganz natürlich, daß er wieder nach Hause will.

Beachten Sie aber, daß nach *es evidente* und nach *es claro* Indikativ steht, auch wenn in dem Satz subjektive Gefühle mitschwingen können:

Es evidente que el país ha progresado mucho.	Es ist ganz eindeutig zu sehen, daß das Land große Fortschritte gemacht hat.
Es claro que el pobre chico no puede estudiar tanto como los demás.	Es ist klar, daß der arme Kerl nicht soviel lernen kann wie die anderen.

137 **Es conveniente que Vd. haga un contrato por escrito.** Es ist zweckmäßig, wenn Sie einen schriftlichen Vertrag machen.

> *que + subjuntivo* steht nach unpersönlichen Ausdrücken des Rats und der Empfehlung. Vgl. 122

Weitere Beispiele:

Es inútil que busque más (= no busque Vd. más).	Es hat keinen Zweck, daß Sie weiter suchen.
No tiene objeto que traten de convencerle, es muy testarudo.	Es hat keinen Sinn, wenn Sie ihn überzeugen wollen — er ist stur.
Es mejor que se ponga en contacto con el señor Domínguez.	Es ist besser, Sie setzen sich mit Herrn Domínguez in Verbindung.
Es poco aconsejable que lo haga sin preguntar al jefe.	Es ist nicht ratsam, daß Sie das tun, ohne den Chef zu fragen.

138 María tiene mucha fiebre. **Es absolutamente necesario que la vea un médico.** Maria hat hohes Fieber. Es ist unbedingt notwendig, daß ein Arzt sie untersucht.

> *que + subjuntivo* steht nach unpersönlichen Ausdrücken der Notwendigkeit. Diese Ausdrücke können auch zur Umschreibung eines Wunsches dienen.

Weitere Beispiele:

Es imprescindible que venga a ayudarnos.	Es ist unbedingt nötig, daß er kommt und uns hilft.
Lo que importa es que te dediques de lleno a tu trabajo.	Wichtig ist, daß du dich völlig auf deine Arbeit einstellst.

Weitere Ausdrücke der Notwendigkeit bzw. des Wunsches:

es preciso	es ist nötig	es de gran importancia	es ist von großer Bedeutung
es importante	es ist wichtig		
es urgente	es ist dringend erforderlich		

Beachten Sie die Verwendung von *no importa*, es ist gleichgültig:

Compra pan, no importa que sea de ayer.	Kauf Brot, es macht auch nichts, wenn es von gestern ist.

Subjuntivo im Relativsatz

139 Estoy buscando un piso **que no sea demasiado caro.** Ich suche eine Wohnung, die nicht zu teuer ist/sein soll.

> *Subjuntivo* im Relativsatz steht, wenn im Relativsatz ein Wunsch oder eine Bedingung enthalten ist.

Quiero comprar un coche que no gaste mucho.	Ich will ein Auto kaufen, das nicht viel verbraucht.
Busco una chica que se ocupe de vez en cuando de mis hijos. → 336	Ich suche ein Mädchen, das sich ab und zu mit den Kindern beschäftigt.
Necesito un diccionario que me sirva para traducciones técnicas.	Ich brauche ein Lexikon, das mir bei Fachübersetzungen hilft.
Me falta una secretaria que se ocupe de toda la correspondencia.	Mir fehlt eine Sekretärin, die den ganzen Briefwechsel erledigt.
A Inés no le hace falta nada más que una persona que le escuche.	Inés braucht nur jemand, der ihr zuhört.

Im Gegensatz zum beschreibenden Relativsatz — *un coche que gasta poco* — wird hier der Kreis der Möglichkeiten eingeengt oder eingeschränkt. Vgl. 141.

140 **Cada uno puede hacer lo que más le guste.** Jeder kann tun, was ihm am meisten Spaß macht. (Wir wissen aber nicht, was jedem einzelnen Spaß macht).
No sé qué vamos a hacer, **depende de lo que diga el jefe.** Ich weiß nicht, was wir tun werden, es hängt davon ab, was der Chef sagen wird.

> *Subjuntivo* im Relativsatz steht, wenn das Subjekt oder Objekt der im Relativsatz ausgedrückten Handlung nicht oder noch nicht bekannt ist.

Weitere Beispiele:

Haga Vd. lo que quiera.	Tun Sie, was Sie wollen.
Vd. anotará todo lo que le digan.	Sie werden bitte alles aufschreiben, was man Ihnen sagt.
Haré todo lo que pueda.	Ich werde alles tun, was ich kann.
Cualquiera que venga puede tomar parte.	Jeder, der kommt, kann teilnehmen.
El que/quien no comprenda el primer capítulo, no comprenderá todo lo demás.	Wer das erste Kapitel nicht versteht, der wird auch alles weitere nicht verstehen.

Unbekannt kann auch der in der Zukunft liegende Zeitpunkt sein, auf den sich der Relativsatz bezieht:

El día que tenga tiempo, lo haré.	Sobald ich einmal Zeit habe, werde ich es tun. Vgl. 155.

Beachten Sie, daß in der abhängigen Frage Indikativ steht, auch wenn sie in die Form des Relativsatzes gekleidet ist → 519:

Vd. me dirá cuánto ha costado. Vd. me dirá lo que ha costado.	Sie werden mir sagen, wieviel es gekostet hat.
No sé lo que dirá el jefe.	Ich weiß nicht, was der Chef sagen wird.

141 **Los que no hayan pagado la matrícula** deben hacerlo mañana. Diejenigen, die die Kursgebühr noch nicht bezahlt haben sollten, müssen es morgen erledigen.

> *Subjuntivo* steht im Relativsatz, wenn dieser sich auf eine unbekannte Zahl aus einer größeren Menge bezieht.

Der Beispielsatz wird gesprochen in der Annahme, daß der eine oder andere Kursteilnehmer — es ist unbekannt, welche und wie viele — noch nicht bezahlt hat. Hat der Sprechende jedoch eine Liste der Betreffenden, so sagt er: *Los que no han pagado, que lo hagan mañana.* Diejenigen, die noch nicht bezahlt haben, sollen es morgen tun.

Weitere Beispiele:

Los que no sepan los verbos irregulares, tienen que estudiarlos.	Diejenigen, die die unregelmäßigen Verben nicht können, müssen sie lernen.
Cualquiera que vaya a Madrid tiene que visitar el museo del Prado.	Jeder, der nach Madrid kommt, muß in den Prado gehen.

Die Beispiele zeigen, daß der *subjuntivo* hier immer in Verbindung mit einer Aufforderung im Hauptsatz, also einer Handlung in der Zukunft, auftritt. Wird jedoch eine allgemeine Erfahrungstatsache ausgedrückt, so steht auch dann Indikativ, wenn nicht alle betreffenden Personen genau bekannt sind:

En julio y agosto, el que puede, sale de Madrid.	Im Juli und August verläßt jeder, der kann, Madrid.

142 **No hay nada que más me moleste** que eso de que Juan se esté lamentando constantemente.
Es gibt nichts, was mich mehr stört, als daß Juan immerzu jammert.

> *Subjuntivo* steht im Relativsatz nach verneinten Ausdrücken, die besagen, daß das Subjekt — manchmal auch das Objekt — des Relativsatzes gar nicht vorhanden ist (daß also die Handlung des Relativsatzes nicht wirklich sein kann). Vgl. 130—131.

Weitere Beispiele:

No hay nadie que pueda resolver nuestros problemas.	Es gibt niemand, der unsere Probleme lösen kann.
No hay ningún otro aparato que reúna todas estas ventajas.	Es gibt keinen anderen Apparat, der alle diese Vorzüge vereinigt.
No hay quien te crea eso.	Es gibt niemand, der dir das glaubt.
No hay mal que por bien no venga.	Es hat alles sein Gutes.

Die Negation kann auch in einer subjektiv verneinten Frage enthalten sein. → 133.

¿ Qué he dicho yo que no sea verdad?	Was habe ich etwa gesagt, was nicht wahr ist?
¿ Qué has hecho tú que no hubiera sido por puro egoísmo?	Was hast du denn gemacht, was nicht reiner Egoismus gewesen wäre?

143 **por mucho que trabaje, por más que corra** → 148.

Subjuntivo nach bestimmten Konjunktionen

Eine Reihe von Konjunktionen verlangt in jedem Fall *subjuntivo* im Nebensatz. Es handelt sich um Konjunktionen, die dem Nebensatz einen Sinn geben, der sich in die Hauptbereiche der Anwendung des *subjuntivo* einordnen läßt:

Wunsch und Absicht, Bezweifeln oder bedauerndes Zugeben einer Tatsache, Unwahrscheinlichkeit und Nichtwirklichkeit, Bedingung und Voraussetzung.

144 Le he dado el dinero **para que pague la reparación.** Ich habe ihm das Geld gegeben, damit er die Reparatur bezahlt.

> *Subjuntivo* steht nach *para que*, da mit der Haupthandlung eine Absicht verbunden ist.

145 **Hace como si no nos entendiera.** Er tut, als ob er uns nicht verstünde.

> *Subjuntivo* — und zwar immer *pretérito imperfecto de subjuntivo* — steht nach *como si*, da die Handlung des Nebensatzes als nichtwirklich angesehen wird.

146 Los chicos no ponen la televisión **sin que se lo permita yo.** Die Kinder schalten den Fernseher nicht ein, ohne daß ich es ihnen erlaube.
Desgraciadamente tengo que salir **antes que venga el cartero.** Ich muß leider weg, bevor der Briefträger kommt.

> *Subjuntivo* steht nach *sin que* und *antes que* oder *antes de que*.

In beiden Fällen handelt es sich nicht unbedingt um eine Nichtwirklichkeit, jedenfalls aber um eine Noch-nicht-Wirklichkeit. Die Handlung des Nebensatzes wird oder kann noch eintreten, daher kann *presente de subjuntivo* stehen. Aber auch dann, wenn der Vorgang in der Vergangenheit liegt und erkennbar ist, ob die Nebensatzhandlung Wirklichkeit wurde, steht in jedem Falle *subjuntivo:*

Pusieron la televisión sin que se lo hubiera permitido.	Sie stellten den Fernseher an, ohne daß ich es ihnen erlaubt hätte.
Había salido antes que viniera el cartero.	Ich war weggegangen, bevor der Briefträger kam.

147 **Caso que venga** hablaré con él. Falls er kommt, werde ich mit ihm sprechen.
Te acompañaré **con tal de que no llueva.** Ich werde mit dir gehen, vorausgesetzt, daß es nicht regnet.
Llegaremos a Madrid mañana por la tarde **a no ser que pase algo imprevisto.** Wir kommen morgen nachmittag nach Madrid, es sei denn, es passiert etwas Unvorhergesehenes.

Subjuntivo steht nach *caso que* oder *en el caso de que* — falls, nach *con tal que* oder *con tal de que* — vorausgesetzt, daß sowie nach *a no ser que* — es sei denn, daß.

Bei allen drei Konjunktionen erscheint die Erfüllung der Voraussetzung bzw. die Möglichkeit des Eintritts der genannten Nebensatzhandlung viel unwahrscheinlicher als nach der Konjunktion *si* bzw. *si no* → 156.

148 **Por mucho que trabaje,** no será nunca rico. Soviel er auch arbeitet/arbeiten mag, er wird nie reich werden.

Por más que corra, no alcanzará el tren de la tarde. Und wenn er sich noch so sehr beeilt, er wird den Nachmittagszug nicht mehr erreichen.
Por rico/por muy rico que sea, Margarita no se casará con él. Und wenn er noch so reich ist, wird Margarita ihn nicht heiraten.

Subjuntivo steht nach *por mucho que* oder *por más que* — soviel auch, so sehr auch, und wenn ... noch so sehr — sowie nach der Konstruktion *por (muy) + Adjektiv + que sea.*

Es spielt bei diesen Konstruktionen keine Rolle, ob die Aussage des Nebensatzes nur einer Vorstellung oder der Wirklichkeit entspricht: in beiden Fällen steht *subjuntivo*. Der *subjuntivo* drückt dabei entweder aus, daß die Handlung möglicherweise gar nicht stattfindet — bzw. daß die genannte Eigenschaft möglicherweise gar nicht gegeben ist — oder aber er besagt, daß diese Handlung oder Eigenschaft nicht die Folge hat, die ein anderer vielleicht annehmen könnte. Vgl. 132.

Indikativ und subjuntivo nach bestimmten Konjunktionen

Konjunktionen, die ausnahmslos *subjuntivo* verlangen → 144—148.
Nach einer Reihe von Konjunktionen kann sowohl Indikativ als auch *subjuntivo* stehen. Indikativ wird verwendet zur Beschreibung bekannter Tatsachen oder Handlungen, also besonders immer dann, wenn die Handlung in der Vergangenheit liegt und somit feststeht, daß, wo, wie, wann usw. sie stattfand. Die Anwendung des *subjuntivo* läßt sich auch hier in folgende Hauptbereiche einordnen: Wunsch und Absicht, Bedingung und Voraussetzung, Unsicherheit bezüglich erwarteter Handlungen und ihrer näheren Umstände, vor allem bezüglich Ort, Zeit und Dauer.

149 El libro está escrito en un lenguaje muy sencillo, **de modo que lo pueden leer también los niños.** Das Buch ist sehr einfach geschrieben, so daß auch Kinder es lesen können.
El libro está escrito en un lenguaje muy sencillo, **de modo que lo puedan leer también los niños.** Das Buch ist sehr einfach geschrieben, so daß (=damit) auch Kinder es lesen können.

> *Subjuntivo* steht nach *de modo que* oder *de manera que* oder *de forma que* — so daß —, wenn die im Nebensatz bezeichnete Handlung oder Tatsache als Folge einer Absicht gekennzeichnet werden soll. Vgl. 123, 139.

Subjuntivo als Ausdruck der Absicht steht auch nach *de tal forma que:*

El libro está escrito de tal forma que lo puedan leer también los niños.	Das Buch ist so geschrieben, daß auch Kinder es lesen können.

150 **Aunque nos queda muy poco tiempo,** lo arreglaremos todo hasta mañana.
Obwohl wir nur noch sehr wenig Zeit haben, erledigen wir alles bis morgen.
Aunque tenga poco tiempo, lo podrá arreglar hasta mañana.
Selbst wenn er nur wenig Zeit hat, kann er es bis morgen erledigen.

> Indikativ steht nach *aunque*, wenn die dt. Entsprechung *obwohl* heißt, wenn also eine feststehende, bekannte Tatsache genannt wird.
> *Subjuntivo* steht nach *aunque* oder *aun cuando*, wenn die dt. Übersetzung *selbst wenn* heißt, wenn also nur eine Möglichkeit angedeutet wird.

Gelegentlich steht nach *aunque* auch dann *presente de subjuntivo*, wenn es um eine absolut feststehende Tatsache geht. In diesem Fall drückt der *subjuntivo* aus, daß der Sprechende diese Tatsache etwas ungern zugibt:

Aunque trabaje bien, voy a despedirle.	Obwohl er gut arbeitet, werde ich ihn entlassen.

Außerdem kann *subjuntivo* in diesem Fall ausdrücken, daß der Sprechende die Tatsache als solche zwar erwähnt, ihr aber gleichzeitig die Bedeutung nehmen möchte, die sie für andere hat bzw. normalerweise haben müßte:

Aunque tenga 85 años, el trabajo le cuesta menos que a muchos jóvenes.	Obwohl er schon 85 ist, fällt ihm die Arbeit weniger schwer als vielen Jungen.

151 No le vendería la casa **aunque me ofreciera el doble.** Ich würde ihm das Haus nicht verkaufen, selbst wenn er mir das Doppelte anbieten würde.
No le hubiera vendido la casa **aunque me hubiese ofrecido el doble.** Ich hätte ihm das Haus nicht verkauft, auch wenn er mir das Doppelte angeboten hätte.

> *Pretérito imperfecto de subjuntivo* steht nach *aunque* oder *aun cuando*, wenn mit dem tatsächlichen Eintreten der Nebensatzhandlung kaum oder überhaupt nicht gerechnet wird.
> *Pretérito pluscuamperfecto de subjuntivo* steht, wenn eine an sich mögliche Handlung in der Vergangenheit angegeben wird, die jedoch nicht tatsächlich eingetreten ist.

152 **Siempre que pasa por casa** trae alguna novedad. Immer wenn er bei uns zu Hause vorbeikommt, bringt er irgendeine Neuigkeit mit.
Le informaré, **siempre que Vd. no tenga inconveniente.** Ich werde ihn informieren, vorausgesetzt, daß Sie nichts dagegen haben.

> Indikativ steht nach *siempre que* oder *cada vez que* — immer wenn, jedesmal wenn.
> *Subjuntivo* steht nach *siempre que*, wenn die dt. Übersetzung *falls* (oder *unter der Voraussetzung, daß*) heißt. Vgl. *caso que* → 147.

153 Lo preparamos todo **tal como Vd. ha dicho.** Wir bereiten alles genau so vor, wie Sie es gesagt haben.
Lo haremos todo **como Vd. quiera.** Dígalo Vd., y se hará. Wir werden alles machen, wie Sie es wollen. Sagen Sie es, und es wird gemacht.

> Indikativ steht nach *como*, wenn deutlich Bezug genommen wird auf ein bereits geklärtes und feststehendes Wie.
> *Subjuntivo* steht nach *como*, wenn dieses Wie noch offen ist, wenn die Entscheidung darüber bei einer anderen Person — meist der angesprochenen — liegt.

Selbst wenn das Wie bereits bekannt ist, wird *subjuntivo* verwendet, um dem Gesprächspartner sozusagen immer noch freizustellen, andere Wünsche zu äußern:

— ¿Vamos a pie o con el coche?	Gehen wir oder fahren wir?
— Prefiero ir a pie.	Ich gehe lieber zu Fuß.
— Como Vd. quiera.	Wie Sie wollen.

154 Pasaré el fin de semana **donde están mis padres.** Ich werde das Wochenende dort verbringen, wo meine Eltern jetzt sind.
Pasaré el fin de semana **donde estén mis padres.** Hasta el viernes sabré dónde se han alojado. Ich werde das Wochenende dort verbringen, wo meine Eltern sind. Bis Freitag werde ich erfahren, wo sie sich einquartiert haben.

> Indikativ steht nach *donde*, wenn Bezug genommen wird auf ein bereits geklärtes und feststehendes Wo.
> *Subjuntivo* steht nach *donde*, wenn dieses Wo noch offen ist.

Wie bei *como* → 153 wird auch nach *donde* und *adonde subjuntivo* verwendet, um dem Gesprächspartner die Wahl freizustellen, auch wenn er seinen Wunsch bereits geäußert hat:

— ¿Podemos reunirnos en mi casa?	Können wir bei mir zusammenkommen?
— Donde quiera.	Wo Sie wollen.
Vd. había dicho que estaba de acuerdo con que fuéramos a la montaña. Pero podemos ir adonde quiera.	Sie hatten gesagt, Sie wären mit einem Ausflug ins Gebirge einverstanden. Aber wir können natürlich fahren, wohin Sie wollen.

Die mit Abstand häufigste Verbform nach *como* und *donde* bzw. *adonde* ist *quiera*. Diese Verbform ist auch Bestandteil der Zusammensetzung *cualquiera* geworden: ganz gleich, welchen Sie wollen → 556—558.

155 **Cuando mi padre viene a casa, casi siempre trae amigos.** Wenn mein Vater nach Hause kommt, bringt er fast immer Freunde mit.
Cuando mi padre venga a casa, le preguntaré si está de acuerdo con que lo hagamos así → 121. Wenn/sobald mein Vater nach Hause kommt, frage ich ihn, ob er damit einverstanden ist, daß wir es so machen.

> *Presente de indicativo* steht nach *cuando* — immer wenn —, wenn eine Erfahrungstatsache genannt wird. Die Aussage gilt gleichermaßen für Vergangenheit, Gegenwart und Zukunft.
> *Subjuntivo* steht nach *cuando*, wenn der Zeitpunkt einer einzelnen Handlung noch in der Zukunft liegt. Er wird damit als unsicher empfunden.

Der Augenblick der Handlung in der Zukunft wird auch durch die Konjunktionen *tan pronto como* oder *en cuanto* — sobald — bezeichnet:

Tan pronto como llegue, le preguntaremos.	Sobald er kommt, werden wir ihn fragen.

156 **Mientras mi amigo estaba de viaje, yo podía usar su coche.** Während/solange mein Freund verreist war, konnte ich sein Auto benützen.
Mientras mi esposa prepara el desayuno, yo leo el periódico. Während meine Frau das Frühstück macht, lese ich immer die Zeitung.
Mientras yo esté de viaje, puedes usar mi coche. Solange ich verreist bin, kannst du mein Auto benützen.

> Indikativ steht nach *mientras* — während, solange —, wenn gleichzeitiger Verlauf zweier Handlungen in der Vergangenheit oder eine Erfahrungstatsache bezeichnet werden soll.
> *Subjuntivo* steht, wenn weniger die Gleichzeitigkeit als vielmehr das in der Zukunft liegende und daher nicht ganz sicher abzusehende Ende der Handlung bezeichnet werden soll. Vgl. *hasta que* → 157.

Nicht zu verwechseln ist *mientras* mit der Konjunktion *mientras que*, welche zur Unterstreichung von Unterschieden oder Gegensätzen gebraucht wird:

Nosotros trabajamos todo el día, mientras que vosotros no hacéis nada en absoluto.	Wir arbeiten den ganzen Tag, während ihr überhaupt nichts tut!

157 **Ayer trabajé todo el día, hasta que llegó mi amigo.** Gestern arbeitete ich den ganzen Tag, bis mein Freund kam.
Voy a trabajar hasta que llegue mi amigo. Ich werde arbeiten, bis mein Freund kommt.

> Indikativ steht nach *hasta que* — bis —, wenn die Nebensatzhandlung eingetreten und damit der Zeitpunkt der Handlung bekannt ist.
> *Subjuntivo* steht, wenn der Zeitpunkt der Handlung in der Zukunft liegt und daher als nicht genau bekannt gilt.

158 **si + indicativo** → 167 **si + subjuntivo** → 168—170

Potencial

Hier wird das *potencial* nur als Modus behandelt. Vgl. 111.
Verwendung des *potencial* als Zeitstufe des Verbs → 185, → 188.

159 **Podría ayudarte.** Ich könnte dir helfen.
Te habría ayudado/te hubiera ayudado. Ich hätte dir geholfen.

Potencial simple drückt eine Handlung aus, die unter bestimmten Voraussetzungen in der Gegenwart oder Zukunft Wirklichkeit sein oder werden könnte. (Ausgesprochen oder unausgesprochen besteht oft eine Verbinmit einem wenn-Satz → 168—169).
Potencial compuesto drückt eine Handlung aus, die nicht zustande kam, weil bestimmte Voraussetzungen dazu in der Vergangenheit fehlten. Statt *habría* wird meistens *hubiera* verwendet: *Yo lo hubiera hecho.*

Wichtig ist festzustellen, daß die Handlung des *potencial* als eine mögliche, wenn auch vielleicht verhinderte *Wirklichkeit* empfunden wird. Damit steht das *potencial* dem Indikativ viel näher als dem *subjuntivo*. Deshalb steht auch das *potencial* vielfach im Hauptsatz, während *subjuntivo* — abgesehen von der Verwendung als Imperativ - überwiegend in Nebensätzen gebraucht wird.

160 **¿Podría Vd. explicarme lo que significa esta palabra?** Könnten Sie mir erklären, was dieses Wort bedeutet?
Quisiera conocer a su hermana. Ich möchte gern Ihre Schwester kennenlernen.
Yo diría que el problema es distinto. Ich würde sagen, daß das Problem anders liegt.

Potencial wird verwendet zur höflichen Äußerung eines Wunsches und zur vorsichtigen, höflichen Äußerung einer Meinung.
Statt *querría* → 47 wird durchweg *quisiera* eingesetzt.

161 **Deberías informar al jefe.** Du solltest/müßtest eigentlich den Chef informieren.

Die Modalverben *deber*, *tener que* und auch *poder* werden im *potencial* verwendet zu Hinweisen auf eine Verpflichtung, deren Erfüllung vielleicht oder sicher ausbleibt. Statt *debería* und *podría* wird gelegentlich *debiera* und *pudiera* eingesetzt.

162 **Deberías habérmelo dicho.** Du hättest es mir sagen sollen/müssen!
Debías habérmelo dicho. Du hättest es mir sagen sollen/müssen!
Podrías haberme advertido a tiempo. Du hättest mich rechtzeitig warnen können!
Podías haberme advertido a tiempo. Du hättest mich rechtzeitig warnen können!

debería haber + *Partizip* oder *podría haber* + *Partizip* bezeichnet einen Vorwurf wegen versäumter Möglichkeiten oder Pflichten. Statt *debería* und *podría* steht in dieser besonderen Konstruktion meist *debía* bzw. *podía*.

Imperativ

Wichtig ist im Sp. die Unterscheidung zwischen bejahter und verneinter Aufforderung. Je nachdem, ob der Imperativ bejaht oder verneint ist, unterscheiden sich die Formen für die 2. Pers. Sg. und Pl. sowie die Stellung des Personalpronomens → 473, → 475.

163	tomar	**Toma, Paco.**	**Tomad, amigos.**
		Tome Vd., señor.	**Tomen Vds., señores.**
			Tomemos/vamos a tomar una decisión.
	comer	**Come, Paco.**	**Comed, amigos.**
		Coma Vd., señor.	**Coman Vds., señores.**
			Comamos/vamos a comer.
	escribir	**Escribe, Paco.**	**Escribid, amigos.**
		Escriba Vd.	**Escriban Vds., por favor.**
			Escribamos/vamos a escribir una carta.

Die Formen des bejahten Imperativs (Ableitungsregeln → 3—5) stammen für die 2. Pers. Sg. und Pl. aus dem Indikativ, für die anderen Personen aus dem *subjuntivo*.
Der Imperativ der 1. Pers. Pl. wird meist umschrieben mit *vamos a* + *Inf.* Stellung des Personalpronomens → 477.

164	tomar	**No lo tomes.**	**No lo toméis, amigos.**
		No lo tome Vd.	**No lo tomen Vds.**
			No lo tomemos/no vamos a tomarlo.
	comer	**No lo comas.**	**No lo comáis, amigos.**
		No lo coma Vd.	**No lo coman Vds.**
			No lo comamos/no lo vamos a comer.
	escribir	**No lo escribas.**	**No lo escribáis, amigos.**
		No lo escriba Vd.	**No lo escriban Vds.**
			No lo escribamos/no vamos a escribirlo.

Die Formen des verneinten Imperativs entsprechen jeweils dem *Pres. de subjuntivo* für die gleiche Person. Das Pronomen steht vor dem Verb → 473. Stellung des Pronomens bei der Umschreibung *vamos a + Infinitiv* → 477.

165	decir	**Di** lo que ha pasado. Sag, was passiert ist.
	hacer	**Haz** lo que quieras → 140. Tu, was du willst.
	ir	**Ve/vete** a casa. Geh nach Haus!
	poner	**Pon** un telegrama. Schicke ein Telegramm!
	salir	**Sal** por ahí. Geh dort hinaus!
	tener	**Ten** cuidado. Sei vorsichtig!
	venir	**Ven** aquí. **Ven** acá. Komm her!
	ir	**Vamos** a casa. Gehen wir nach Haus!

Diese 7 Verben haben eine unregelmäßige Form des Imperativs der 2. Pers. Sg.; bei *ir* ist auch der Imperativ der 1. Pers. Pl. unregelmäßig. Die Form *ve* (von *ir*) wird meist reflexiv gebraucht: *vete* — geh! Verwendung von *vamos a + Infinitiv* → 163, → 164, → 179.

166 ¿Cómo? ¿Que necesita dinero? **¡Que trabaje!**
Was? Geld braucht er? Dann soll er arbeiten!

que + subjuntivo ist eine Aufforderung, die nicht direkt an die betreffende Person gerichtet wird. Vgl. 120.

Indikativ, subjuntivo und potencial im Bedingungssatz

Dieser Abschnitt umfaßt nicht alle Varianten, die vor allem in der gesprochenen Sprache möglich sind. Er enthält die wichtigsten Strukturen, mit denen der Lernende schnell Sicherheit erlangen kann.

167 **Si puede, lo hace. Si puede, lo hará.** Wenn er kann, tut er es.

Erscheint die nach *si* genannte Bedingung erfüllbar, so entsprechen die Verbformen dem Deutschen.

Weitere Beispiele:

Si lo ha dicho, es verdad.	Wenn er es gesagt hat, ist es wahr.
Si lo hace, sabe por qué.	Wenn er es tut, weiß er, warum.

168 **Si pudiese, lo haría. Si pudiera, lo haría.** Wenn ich könnte, täte ich es. **Si me ofreciese mil duros, lo haría.** Wenn er mir fünftausend Peseten anbieten würde, täte ich es.

> Scheint die Erfüllung der Bedingung unwahrscheinlich oder unmöglich, so steht im Nebensatz eine der beiden Formen des *pret. imperfecto de subjuntivo*, im Hauptsatz *potencial* → 159.

Diese Satzstruktur wird meist als „irrealer Bedingungssatz" bezeichnet, obwohl in vielen Fällen eine Erfüllung der Bedingung doch noch möglich ist. Das sp. Satzschema ist sehr klar, wenn man bewußt Haupt- und Nebensatz unterscheidet. Diese Unterscheidung fällt dem Deutschen aus drei Gründen oft schwer:

1. Im Dt. gibt es Nebensätze ohne Konjunktion, so daß ein wichtiges Erkennungsmerkmal des Nebensatzes fehlt:

Käme er jetzt, so könnte ich es ihm sagen.	Si viniera ahora, se lo podría decir.

2. Im Dt. steht in Haupt- und Nebensatz Konjunktiv Imperfekt, also die gleiche Verbform:

Wenn er könnte, täte er es.	Si pudiera, lo haría.

3. Dieser Konjunktiv wird im Dt. ohne Rücksicht auf seine Stellung in Haupt- oder Nebensatz mit *würde + Infinitiv* umschrieben, wenn die Konjunktivform ungebräuchlich (waschen: wüsche) oder — bei den schwachen Verben — nicht eindeutig als Konjunktiv erkennbar ist:

Würde er mehr arbeiten, so könnte er mehr verdienen.	Si trabajara más, podría ganar más.

169 **Si le hubiésemos invitado, vendría. Si le hubiéramos invitado, vendría.** Wenn wir ihn eingeladen hätten, käme er.
Si le hubiésemos invitado, habría venido. Si le hubiésemos invitado, hubiera venido. Wenn wir ihn eingeladen hätten, wäre er gekommen.

> Wurde die Voraussetzung für eine Handlung nicht erfüllt — *no le hemos invitado, no le invitamos* —, so steht im Nebensatz nach *si* eine der beiden Formen des *pret. pluscuamperfecto de subjuntivo: hubiese/hubiera + Partizip.* Im Hauptsatz steht *potencial.*
> Ersatzform für *potencial compuesto* → 159.

170 **¡Si pudiese/pudiera hacerlo!** Wenn ich es nur tun könnte!
¡Si hubiese/hubiera podido hacerlo! Wenn ich es doch hätte tun können!
¡Si lo hubiese/hubiera hecho! Hätte ich es doch getan!

> Wie im Dt. wird der „irreale Bedingungssatz" → 168 auch als irrealer Wunschsatz verwendet.

Verwendung der Zeiten

In diesem Abschnitt ist von der Eigenbedeutung der einzelnen Zeiten die Rede. Neben dieser Eigenbedeutung ist bei *pret. imperfecto*, *potencial* und *pret. pluscuamperfecto* die Verwendung in der Zeitenfolge zu beachten → 186—194.

171 **Escribo una carta. Estoy escribiendo una carta** → 222.
Ich schreibe einen Brief.
Soy alemán. Ich bin Deutscher.
A la edad de un año, los niños empiezan a andar.
Mit einem Jahr beginnen Kinder zu laufen.
El año que viene vamos a España. Nächstes Jahr fahren wir nach Spanien.

> *Presente de indicativo*
> bezeichnet wie im Dt. Gegenwart im engeren oder weiteren Sinn, in Verbindung mit Zeitangaben — *mañana, el año que viene* — auch Zukunft.

Wie im Dt. dient das Präsens auch zur lebendigeren oder spannenden Erzählung:

A mediados del siglo VIII, los árabes dominan la mayor parte de la Península.	Um die Mitte des 8. Jahrhunderts beherrschen die Araber den größten Teil der Iberischen Halbinsel.
Todo estaba tranquilo. De repente, se oye un disparo ...	Alles war ruhig. Da — plötzlich hört man einen Schuß ...

172 **Le he escrito una carta. Estoy esperando su contestación.**
Ich habe ihm einen Brief geschrieben. Ich warte auf seine Antwort.

> *Pretérito perfecto* haber + Part. Perf.
> bezeichnet eine abgeschlossene Handlung, deren Folgen für die Gegenwart unmittelbare Bedeutung haben.

Der Inhalt eines Satzes im Perfekt kann meist sinngemäß auch im Präsens wiedergegeben werden:
He comprado un coche. Ahora tengo coche.
He perdido todo mi dinero. De momento estoy sin dinero.
He aprendido a conducir. Desde hace poco sé conducir.

173 **Esta semana he trabajado mucho.** Diese Woche habe ich viel gearbeitet.
Este año ha habido muchos accidentes. Dieses Jahr gab es viele Unfälle.

> *Pretérito perfecto*
> steht in Verbindung mit der Angabe eines Zeitraums, der noch nicht ganz vergangen ist, z. B. *hoy*, *esta semana*, *en nuestro siglo* usw.

174 **En 1968 fui por primera vez a España.** 1968 fuhr ich zum erstenmal nach Spanien.

historische Vergangenheit

> *Pretérito indefinido*
> erfaßt Beginn und Ende einer Handlung in der Vergangenheit.
> (Eine mögliche Auswirkung auf die Gegenwart → 172 wird außer acht gelassen).

Weitere Beispiele:

El otro día encontré a tu hermana.	Neulich traf ich deine Schwester.
El año pasado estuve en Madrid.	Letztes Jahr war ich in Madrid.
Granada fue capital del último reino moro en España.	Granada war die Hauptstadt des letzten maurischen Reichs in Spanien.
España tuvo durante tres siglos el imperio más asombroso del mundo.	Spanien besaß 300 Jahre lang das erstaunlichste Reich der Welt.

Die Beispiele zeigen, daß die Dauer der Handlung keine Rolle spielt. Wichtig ist nur, daß die Handlung als Ganzes in der Vergangenheit gesehen wird und nicht nur in einem Augenblick ihres Verlaufs (*pret. imperfecto* → 176). Der Unterschied im Ausdruck der einsetzenden und der verlaufenden Handlung wird an folgenden Beispielen besonders deutlich:

Eintritt der Handlung		Verlauf der Handlung	
conoció	er lernte kennen	conocía	er kannte schon
fue	er fuhr	iba	er war unterwegs
supo	er erfuhr	sabía	er wußte schon
tuvo	er bekam	tenía	er hatte

175 **Yo trabajaba mientras él estaba en el bar.**
Ich arbeitete, während er im Café saß.

Pretérito imperfecto bezeichnet gleichzeitig verlaufende Handlungen in der Vergangenheit.

Keine der beiden Handlungen wird im Augenblick ihres Eintritts gesehen, da sie sonst im *pret. indefinido* → 174 ausgedrückt werden müßten:

Cuando él se fue al bar, yo me puse a trabajar.	Als er ins Café ging, machte ich mich an die Arbeit.

176 **Antonio no estaba en casa cuando llamé.**
Antonio war nicht zu Hause, als ich anrief.
Me dolían las muelas, pero no obstante fui a la oficina.
Ich hatte Zahnschmerzen, ging aber trotzdem ins Büro.

Pretérito imperfecto bezeichnet einen Zustand oder eine Handlung, die bereits andauerte, als eine neue Handlung einsetzte → 174.

Weitere Beispiele:

Hacía mucho calor cuando llegamos a España.	Es war sehr heiß, als wir nach Spanien kamen.
Mi familia quería quedarse unos días en Madrid, pero yo me decidí a volver el día siguiente.	Meine Familie wollte ein paar Tage in Madrid bleiben, aber ich entschloß mich, am nächsten Tag zurückzufahren.
Hacía sol, el mar estaba maravilloso, los niños jugaban en la playa, pero de repente se nubló el cielo . . .	Die Sonne schien, das Meer war herrlich, die Kinder spielten am Strand, da bewölkte sich plötzlich der Himmel.
Cuando fui a España, conocí en el tren a una señorita que también iba a España.	Als ich nach Spanien fuhr, lernte ich im Zug eine junge Dame kennen, die auch nach Spanien fuhr.
Tuve un gran susto cuando noté que no tenía el dinero suficiente.	Ich bekam einen großen Schrecken, als ich merkte, daß ich nicht genug Geld dabeihatte.

177 **Pepe llamaba cada día a Mary Lucy. A mediodía iba a buscarla a la salida de la oficina, y por la tarde solían encontrarse de nuevo.**
Pepe rief Mary Lucy jeden Tag an. Mittags holte er sie vom Büro ab, und am Abend trafen sie sich meist wieder.

Pretérito imperfecto
bezeichnet regelmäßig wiederholte Handlungen in der Vergangenheit. Dabei interessiert die Gewohnheit, nicht die Einzelhandlung.

Zum Vergleich ein Beispiel mit nicht gewohnheitsmäßiger Wiederholung:

Ayer me llamaron por lo menos veinte veces.	Gestern riefen die mich mindestens zwanzigmal an!

178 **Cuando llegamos, los amigos habían salido ya.**
Als wir ankamen, waren die Freunde schon weggegangen.

Pretérito pluscuamperfecto
bezeichnet wie im Dt. eine Handlung, die beendet war, als eine andere einsetzte.

179 **Apenas hubo subido cuando el tren arrancó.**
Kaum war er eingestiegen, da fuhr der Zug auch schon ab.

Pretérito anterior (hube + Partizip)
bezeichnet eine Handlung, die unmittelbar vor dem Einsetzen einer anderen zum Abschluß kam. Die Form steht selten statt *pret. pluscuamperfecto.*

180 **El año que viene iré a España.** Nächstes Jahr werde ich nach Spanien fahren.
Mañana vamos a ir al cine. Morgen gehen wir ins Kino.

Futuro imperfecto
bezeichnet eine Handlung in der Zukunft. Vgl. 245.
Eine nahe Zukunft wird oft ausgedrückt durch *vamos a + Infinitiv*. Vgl. 171.

In Vertragstexten, Verordnungen usw. steht Futur auch als Ausdruck der Verpflichtung:

Las partes contratantes se informarán mutuamente.	Die Vertragspartner informieren sich gegenseitig.

Futur wird auch verwendet als absoluter Befehl oder drohendes Verbot:

No matarás.	Du sollst nicht töten.
Te he dicho que lo hagas, y lo harás.	Ich habe dir gesagt, daß du es tun sollst, und du wirst es tun!

181 **A estas horas, Pepe no estará en casa.** Supongo que no está.
Um diese Zeit wird Pepe nicht zu Hause sein. Ich vermute, er ist nicht da.

> *Futuro imperfecto*
> bezeichnet eine auf die Gegenwart oder Zukunft gerichtete Vermutung.

182 Mi tío vendrá mañana. **Para entonces ya habré terminado este trabajo.**
Mein Onkel kommt morgen. Bis dahin werde ich diese Arbeit schon abgeschlossen haben.

> *Futuro perfecto (habré + Partizip)*
> bezeichnet eine Handlung, die abgeschlossen sein wird, wenn eine andere einsetzt. (Im Dt. steht statt Futur II meist Perfekt).

183 No sé por qué no ha venido. **Se le habrá olvidado.** (→ 80)
Ich weiß nicht, warum er nicht gekommen ist. Er wird es vergessen haben.

> *Futuro perfecto*
> bezeichnet wie im Dt. (Futur II) die Vermutung, daß eine Handlung schon geschehen bzw. abgeschlossen ist. Vgl. 181 und 185.

Auch in der Frage, auf die als Antwort nur eine Vermutung erwartet wird:

¿Se habrá olvidado de todo?	Sollte er alles vergessen haben?
¿Lo habrá hecho tal como lo acordamos?	Wird er es gemacht haben, wie wir es vereinbart haben?

Auch im empörten Ausruf:

¡Habráse visto tal cosa!	Hat man so etwas schon gesehen?

184 **Si yo estuviera en su lugar, no haría lo que está haciendo Vd.**
Ich an Ihrer Stelle würde nicht das tun, was Sie da machen.
Mi hermano podría ayudarle mañana, si quiere.
Mein Bruder könnte Ihnen morgen helfen, wenn Sie wollen.

> *Potencial simple*
> bezeichnet eine Handlung, die unter bestimmten Voraussetzungen in der Gegenwart oder Zukunft zustande kommen könnte.
> Ausführliche Erläuterung → 159—161. Vgl. auch 162.

185 — ¿Qué hora era cuando llegó? — **No sé, serían las diez.**
A: Wie spät war es, als er ankam? B: Ich weiß nicht, es mochte zehn sein.

Potencial simple bezeichnet eine Vermutung bezüglich einer in der Vergangenheit liegenden Tatsache.

186 **Te habría ayudado.** *Potencial compuesto* → 159

Indirekte Rede und Zeitenfolge

Indirekte Rede nennt man die Übermittlung von Aussagen einer Person A durch eine Person B an eine dritte Person C. (Gelegentlich kann A auch die Rolle von B übernehmen: Ich sagte, ich sei krank).

Die Gesetze für die indirekte Rede sind im Dt. und Sp. völlig verschieden. Im Dt. wird die indirekte Rede durch die Verwendung des Konjunktivs gekennzeichnet, dessen Zeiten in der Umgangssprache oft willkürlich verwendet werden (er sagt, er sei/wäre krank gewesen) oder willkürlich durch *würde* umschrieben werden (er sagt, er werde/würde kommen). Dem Lernenden sei empfohlen, sich anhand einer dt. Grammatik Klarheit über die Grundregeln der indirekten Rede im Dt. zu verschaffen.

Im Sp. erfordert die indirekte Rede keinen *subjuntivo* → 113, richtet sich aber nach strengen Regeln der Zeitenfolge. Entscheidend ist dabei die im einleitenden Hauptsatz verwendete Zeit; steht sie eng mit der Gegenwart und Zukunft in Verbindung, so nennen wir sie in diesem Zusammenhang „Gegenwartszeit", andernfalls „Vergangenheitszeit".

Das *pretérito perfecto* → 170 steht eng mit der Gegenwart in Verbindung; wir zählen es deshalb zu den „Gegenwartszeiten".
Auch das im Hauptsatz verwendete *potencial simple* gehört zu den Gegenwartszeiten, da es eine Handlung ausdrückt, die in der Gegenwart oder Zukunft spielen könnte → 184. Es ergibt sich also folgende Einteilung:

„Gegenwartszeiten"	„Vergangenheitszeiten"
dice que	dijo que
ha dicho que → 170	decía que
dirá que	había dicho que
diría que → 184	

187 Estoy enfermo.	Ich bin krank.
Dice que está enfermo.	Er sagt, er sei krank.
Ha dicho que está enfermo.	Er hat gesagt, er sei krank.
Dirá que está enfermo.	Er wird sagen, er sei krank.
Si le preguntaras, te diría que está enfermo.	Wenn du ihn fragtest, würde er dir sagen, er sei krank.

> Die Zeit des Originalsatzes wird in der indirekten Rede nicht verändert, wenn der einleitende Hauptsatz in einer „Gegenwartszeit" steht.
> Im Gegensatz zum Dt. kann die Konjunktion *que* nicht wegfallen.

Weitere Beispiele:

Esta casa me gusta mucho.	Dice que esa casa le gusta mucho.
En España siempre me encontraba muy bien.	Me ha dicho que en España siempre se encontraba muy bien.
El tiempo ha sido estupendo hasta ahora.	Escribe que el tiempo allí ha sido estupendo hasta ahora.
El año que viene iremos a España.	Siempre está diciendo que el año que viene irán a España.
Yo no fumaría tanto como tú.	Me ha dicho que él no fumaría tanto como yo.
Hace tres meses compramos un nuevo coche.	Esta mañana me han informado de que hace tres meses compraron un nuevo coche.
Supongo que mi padre lo habrá arreglado todo.	Supone que su padre lo habrá arreglado todo.
Si tuviera tiempo, iría a verle alguna vez.	Me ha dicho que si tuviera tiempo, vendría a verme alguna vez.
Si hubiese tenido tiempo, hubiera ido a la ópera.	Dice que si hubiese tenido tiempo, hubiera ido a la ópera.
¿No le gustaría ir a los toros?	Me pregunta si no me gustaría ir a los toros.
¿Vds. fueron al teatro ayer?	Nos ha preguntado si fuimos al teatro ayer.

188 Antonio dice: — Estoy cansado. He trabajado, pero no trabajaré más.

Antonio dice que está cansado, que ha trabajado, pero que no trabajará más. Antonio sagt, er sei müde, er habe gearbeitet, werde aber nicht mehr arbeiten.

Antonio dijo que estaba cansado, que había trabajado, pero que no trabajaría más. Er sagte, er sei müde, habe gearbeitet, werde aber nicht mehr arbeiten.

Wenn der einleitende Hauptsatz in einer „Vergangenheitszeit“ steht, steht auch im Nebensatz eine Vergangenheit.

presente → pretérito imperfecto	— *Estoy.*	*Dijo que estaba.*
pret. perf. → pret. plusc.	— *He estado.*	*Dijo que había estado.*
futuro → potencial	— *Estaré.*	*Dijo que estaría.*

Zu beachten ist, daß *potencial* im Hauptsatz zu den Gegenwartszeiten gehört → 184, → 187, während es im Nebensatz die Vergangenheit des Futurs darstellt. Die Funktion des *potencial* als Vergangenheit des Futurs zeigt sich auch im Vergleich zwischen 181 und 185.

Ein Präsens, das inhaltlich einem Futur entspricht → 171, wird als Futur behandelt:

El año que viene vamos (= iremos) a España.	Dijo que el año que viene irían a España.

189 Antonio: — No fui porque estaba enfermo.
Antonio dice que no fue porque estaba enfermo.
Antonio dijo que no fue porque estaba enfermo.
Antonio sagte, er sei nicht hingegangen, weil er krank gewesen sei.

Steht die Originalaussage in einer „Vergangenheitszeit“, so wird diese in der indirekten Rede nicht verändert.

Eine Ausnahme kann das *pret. indefinido* bilden. Es kann gegenüber dem Augenblick der Aussage als vorzeitig empfunden werden und zu *pret. pluscuamperfecto* werden:
Dice que no fue porque estaba enfermo.
Dijo que no había ido porque entonces estaba enfermo
Er sagte, er sei nicht hingegangen, weil er damals krank gewesen sei.

Beachten Sie in den weiteren Beispielen z. T. die Änderung der Zeitangaben:

En Madrid hacía mucho calor.	Dijo que en Madrid hacía mucho calor.
Nunca antes había visto flores tan hermosas.	Decía que nunca antes había visto flores tan hermosas.
Yo no fumaría tanto como tú.	Dijo que él no fumaría tanto como yo.
Si tuviera tiempo, lo haría mañana.	Dijo que si tuviera tiempo, lo haría el día siguiente.
Si hubiese tenido tiempo, lo hubiera hecho ayer.	Dijo que si hubiese tenido tiempo, lo hubiera hecho el día anterior.

190 ¡Trabaja más! Arbeite mehr!
Dice que trabaje/trabajes más.
Er sagt, ich solle/du sollst mehr arbeiten.

Der Imperativ wird in der indirekten Rede durch *subjuntivo* wiedergegeben. Vgl. 120

191 — ¡Vengan Vds. mañana! Kommen Sie morgen!
Dice que vayamos mañana. Er sagt, wir sollten morgen hinkommen.
Dijo que fuéramos el día siguiente. Er sagte, wir sollten am nächsten Tag hinkommen.

Auch für den Imperativ gilt in der indirekten Rede die Regel der Zeitenfolge → 188.

192 **Mi padre quiere que le acompañe.** Mein Vater will, daß ich ihn begleite.
Mi padre quería que le acompañara. Er wollte, daß ich ihn begleite.
Se alegra que hayamos venido. Er freut sich, daß wir gekommen sind.
Se alegró que hubiésemos venido. Er freute sich, daß wir gekommen waren.

Wie für Indikativ → 188 und Imperativ → 191 gilt auch für den *subjuntivo* die Regel der Zeitenfolge. Steht der einleitende Hauptsatz in einer „Vergangenheitszeit" (→ Vorbemerkung zu 187), so steht auch im Nebensatz Vergangenheit: *presente → pret. imperfecto, pret. perfecto → pret. pluscuamperfecto*

Die folgenden weiteren Beispiele gehen von Sätzen aus, die in der Darstellung des *subjuntivo* 120—157 in gleicher oder ähnlicher Form enthalten sind. Unter den angegebenen Nummern ist auch die Übersetzung zu finden.

Le voy a decir que lo haga. 120	Le iba a decir (wollte ihm gerade sagen) que lo hiciera.
Insiste mucho en que no se lo digamos a nadie. 120	Insistió mucho en que no se lo dijéramos a nadie.
Mi hermana quiere que abramos las ventanas. 120	Quería que abriésemos las ventanas.
Le advierto que no corra mucho con este coche, que ya es viejo. 122	Le advertí que no corriera mucho con este coche, que ya era viejo.
Consigue que todos hagan lo que le conviene a él. 123	Consiguió que todos hicieran lo que le convenía a él.

Me alegro mucho de que Vds. vengan. 125	Me alegré mucho de que vinieran Vds.
Me extraña que no haya recibido Vd. mis cartas. 126	Me extrañaba que no hubiera recibido Vd. mis cartas.
Tengo la esperanza de que me aprueben en el examen. 127	Tenía la esperanza de que me aprobaran en el examen.
No digo que Vd. mienta, es que simplemente se equivoca. 130	No quería decir que Vd. mintiera → 30, es que se equivocaba.
El hecho de que esté solo no significa que se aburra, ni mucho menos. 132	El hecho de que estuviese solo no significaba que se aburriera, ni mucho menos.
¿Vd. cree que todo eso sea verdad? 133	¿Vd. creía que todo eso fuera verdad?
Cada uno puede hacer lo que le guste. 140	Cada uno podía hacer lo que más le gustara.
Le he dado el dinero para que pague la reparación. 144	Le di el dinero para que pagara la reparación.
Sabe que por mucho que trabaje, no será nunca rico. 148	Sabía que por mucho que trabajara, no sería nunca rico.
Escribe el libro de modo que también lo puedan leer los niños. 149	Escribió el libro de modo que también pudieran leerlo los niños.
Me parece que aunque tenga poco tiempo, lo podrá arreglar hasta mañana. 150	Me parecía que aunque tuviera poco tiempo, lo podría arreglar hasta el día siguiente.
Cuando mi padre venga a casa, le preguntaré si está de acuerdo con que lo hagamos así. 155	Quería preguntar a mi padre cuando viniera a casa, si estaba de acuerdo con que lo hiciéramos así.
Mientras yo esté de viaje, puedes usar mi coche. 156	Le dije a mi amigo que mientras estuviera de viaje yo, podía usar mi coche.
Voy a trabajar hasta que llegue mi amigo. 157	Yo iba a trabajar (= quería trabajar) hasta que llegara mi amigo.

193 **Hace como si no nos entendiera** → 145. Er tut, als verstünde er uns nicht.
Hacía como si no nos entendiera. Er tat, als verstünde er uns nicht.
Hace como si no hubiera entendido. Er tut, als hätte er nicht verstanden.
Hacía como si no hubiese entendido. Er tat, als hätte er nicht verstanden.

> Aussagen, die bereits in einer Vergangenheitszeit stehen, werden durch die Veränderungen der Zeitenfolge nicht berührt. Dies gilt für *subjuntivo* ebenso wie für Indikativ → 189.

194 **Siento mucho que mi novia no haya podido venir hoy.** → 128
Es tut mir sehr leid, daß meine Freundin heute nicht hat kommen können.
Sentí mucho que mi novia no pudiera venir.
Es tat mir sehr leid, daß meine Freundin nicht kommen konnte.

Die dem zweiten Beispielsatz zugrunde liegende Tatsache heißt: *no pudo venir* (nicht: *no había podido venir*, da eine Vorzeitigkeit bei Betrachtung aus größerem zeitlichem Abstand nicht mehr gegeben ist).
Dem *pret. indefinido — no pudo —* entspricht das *pret. imperfecto de subjuntivo*, das ja formal aus dem *pret. indefinido* abgeleitet ist → 7.

Infinitiv

195	**invitar**	einladen, einzuladen	Infinitiv (Aktiv)
	haber invitado	eingeladen (zu) haben	Infinitiv Perfekt
	ser invitado	eingeladen (zu) werden	Infinitiv Passiv
	haber sido invitado	eingeladen worden (zu) sein	Inf. Passiv Perf.

Von den vier Infinitiven wird der Infinitiv Aktiv weitaus am häufigsten verwendet. Jedoch sind grundsätzlich alle Infinitive gleich in ihren Konstruktionsmerkmalen, die im folgenden behandelt werden.

Stellung des Personalpronomens beim Infinitiv → 474
Stellung der Negation wie beim konjugierten Verb: *No invita a nadie. Es mejor no invitar a nadie para mañana.*

Der Infinitiv als Substantiv

Der Infinitiv ist im Sp. eine vielseitig verwendete Form. Er ist die substantivisch verwendbare Form des Verbs und kann im Satzbau die wichtigsten Funktionen des Substantivs übernehmen: er kann Subjekt und Objekt sein. Gleichzeitig aber behält er fast immer (Ausnahme → 196) die Merkmale des Verbs bei: er kann Objekte oder sogar ein Subjekt haben, durch ein Adverb näher bestimmt werden usw.

196 Se oye a lo lejos **el sonar de las campanas.**
In der Ferne ist das Läuten der Glocken zu hören.

> Die volle Substantivierung des Infinitivs zeigt sich wie im Dt. an der Verwendung des Artikels und dem folgenden Genitiv (vgl. *la puerta de la casa*). Diese Konstruktion ist im Sp. viel seltener als im Dt.

Einige Infinitive werden voll substantiviert verwendet:

el deber (de los padres)	die Pflicht (der Eltern)
el saber (de los griegos)	das Wissen (der Griechen)
el poder (del presidente)	die Macht (des Präsidenten)
el poder notarial	die notarielle Vollmacht
un ser humano	ein menschliches Wesen

197 **Me gusta estudiar.** Das Studieren gefällt mir, ich studiere gern.
Es interesante estudiar idiomas. Es ist interessant, Sprachen zu studieren.
Es imposible trabajar intensamente en estas condiciones. Es ist unmöglich, unter diesen Bedingungen intensiv zu arbeiten.

> Der Infinitiv ist Subjekt in Sätzen mit unpersönlichen Ausdrücken. Die verbale Konstruktion bleibt jedoch unverändert, wie beim dt. Infinitiv mit zu: der Infinitiv kann ein Objekt haben *(idiomas)* und durch adverbielle Ausdrücke näher bestimmt sein *(intensamente, en estas condiciones)*.

Weitere Beispiele:

Es necesario decírselo.	Es ist nötig, es ihm zu sagen.
No me ha sido posible evitar este disgusto.	Es war mir nicht möglich, diesen Ärger zu vermeiden.
Es muy difícil entender todo eso.	Es ist schwer, all das zu verstehen.
Es preciso fijar las condiciones por escrito.	Man muß die Bedingungen schriftlich festlegen.
Te conviene salir de vacaciones.	Es tut dir gut, in Urlaub zu fahren/du solltest in Urlaub fahren.
Me cuesta mucho trabajo concentrarme.	Es fällt mir sehr schwer, mich zu konzentrieren.
Me parece lo mejor no decir nada.	Das beste scheint mir, nichts zu sagen.

Auch in der verbalen Konstruktion wird gelegentlich der Artikel verwendet, um den Infinitiv als Subjekt des Satzes hervorzuheben:

Le costaba mucho trabajo el concentrarse en medio de tanto ruido. Vgl. 132, 611.	Es fiel ihm sehr schwer, sich in dem Lärm zu konzentrieren.

198 **He intentado varias veces hablar con el jefe.**
Ich habe mehrfach versucht, mit dem Chef zu sprechen.

Der Infinitiv ist Objekt eines transitiven Verbs. Das Subjekt des Hauptverbs ist auch Subjekt des Infinitivs.

Weitere Beispiele:

He conseguido hablar con el jefe.	Es ist mir gelungen/ich habe es fertiggebracht, mit dem Chef zu sprechen.
Creía hacerle un favor.	Ich glaubte, ihm einen Gefallen zu tun.
Mi madre desea conocerle.	Meine Mutter möchte Sie kennenlernen.
Espero no haberle ofendido.	Ich hoffe, Sie nicht beleidigt zu haben.
Por fin he logrado encontrar la pensión en que vive.	Endlich habe ich die Pension gefunden, in der er wohnt.
No todo necesita ser explicado.	Nicht alles braucht erklärt zu werden.
En Navidad pienso hacer un viaje.	An Weihnachten habe ich vor, eine Reise zu machen.
Me he propuesto ir a España.	Ich habe mir vorgenommen, nach Spanien zu fahren.
Mi hermana quería ir conmigo, pero prefiero ir solo.	Meine Schwester wollte mit mir fahren, aber ich ziehe es vor, allein zu fahren.
No pretenda Vd. convencerme.	Versuchen Sie nicht, mich zu überzeugen.
Procuraré ser puntual.	Ich werde mich bemühen, pünktlich zu sein.
Le prometo ocuparme del asunto.	Ich verspreche Ihnen, mich um die Sache zu kümmern.

Infinitiv ohne Präposition

199 **No debe Vd. hacerlo todo hoy. ¿ O es que no quiere trabajar mañana ?**
Sie müssen nicht alles heute machen. Oder wollen Sie morgen nicht arbeiten?
Solemos trabajar hasta las seis. Wir arbeiten meistens bis sechs.

Infinitiv ohne Präposition steht nach einem Teil der Modalverben → 242—254 und nach *soler* → 418.

200 **Mi amigo nos hizo esperar más de una hora,** pero no fue culpa suya.
Mein Freund ließ uns über eine Stunde warten, aber es war nicht seine Schuld.
¿ Me deja/permite ver las diapositivas ? Lassen Sie mich die Dias sehen?
El médico me prohibe fumar. Der Arzt verbietet mir zu rauchen.

> Infinitiv ohne Präposition steht nach den Verben des Veranlassens oder Verursachens. Nach den Verben des Erlaubens *dejar* und *permitir* kann Infinitiv oder Nebensatz → 121 stehen, ebenso nach prohibir.
> Ausnahmsweise ist hier das Objekt des Hauptverbs Subjekt des Infinitivs.

201 **Le oí entrar en la casa, pero no le vi subir la escalera.**
Ich hörte ihn ins Haus kommen, sah ihn aber nicht die Treppe hinaufgehen.

> Infinitiv ohne Präposition steht wie im Dt. nach Verben der Sinneswahrnehmung. Das Objekt des Hauptverbs ist Subjekt des Infinitivs. Vgl. 230

Infinitiv mit Präposition

202 **Mañana empezaremos a trabajar.** Morgen fangen wir an zu arbeiten.

> Nach einer Reihe von Verben steht der Infinitiv mit einer Präposition. Subjekt des Infinitivs ist das Subjekt des Hauptverbs. Vgl. 255

Die wichtigsten Verben, nach denen Infinitiv mit Präposition steht:

acabar de → 411	soeben (getan) haben	disponerse a → 46	s. daranmachen
		empeñarse en →	unbedingt wollen
acabar por → 414	schließlich (tun)	empezar a → 20	beginnen
acertar a → 20	zufällig (tun)	ir a → 43	gehen, um zu
acostumbrarse a	s. daran gewöhnen	limitarse a	s. beschränken
alegrarse de	sich freuen	negarse a → 20	s. weigern
aprender a	lernen	pensar en → 20	daran denken
apresurarse a	s. beeilen	ponerse a → 46	beginnen
atreverse a	wagen	quedar en	vereinbaren
cesar de	aufhören	tardar en → 254	(Zeit) brauchen
comenzar a → 20	beginnen	tratar de	versuchen
dejar de	aufhören	venir a → 54	kommen, um zu

Se limitó a decir pocas palabras.	Er beschränkte sich auf wenige Worte.
Quedamos en encontrarnos allí.	Wir vereinbarten, uns dort zu treffen.
Voy a buscarle.	Ich hole Sie ab.
Viene a buscarme.	Er holt mich ab.

203 **Me obligaron a decir lo que sabía.** Sie zwangen mich zu sagen, was ich wußte.

> Das Objekt des Hauptverbs ist nur in wenigen Fällen Subjekt des folgenden Infinitivs mit Präposition.

Dies ist der Fall nach folgenden Verben:

ayudar a	helfen	llevar a	dahin bringen
enseñar a	lehren	obligar a	zwingen

Ebenso in dem Ausdruck *dar a entender* — zu verstehen geben.

204 **Tengo el deseo de hacer algo nuevo.** Ich habe den Wunsch, etwas Neues zu tun.

> Nach fast allen Substantiven steht Infinitiv mit *de*.
> (Der Infinitiv ist Substantiv. Vgl. *una taza de té*, *un aparato de radio*).

Weitere Beispiele:

Tengo ganas de ir al cine.	Ich habe Lust, ins Kino zu gehen.
Hágame el favor de llevarme a la estación.	Tun Sie mir den Gefallen und bringen Sie mich zum Bahnhof.
Ahora es el momento de hacer algo/ de actuar.	Jetzt ist der richtige Augenblick zum Handeln.
Mi jefe tiene una manera muy especial de decir las cosas.	Mein Chef hat eine ganz eigene Art sich auszudrücken.
He tenido una oportunidad de ir a Roma.	Ich hatte eine günstige Gelegenheit, nach Rom zu fahren.

205 **Cada pueblo tiene el derecho a decidir libremente su destino.**
Jedes Volk hat das Recht, sein Schicksal frei zu bestimmen.

> Nach wenigen Substantiven steht der Infinitiv mit einer anderen Präposition als *de*, z. B. *el derecho a* — das Recht auf.

Weitere Beispiele:

¡Cuidado con decirle la verdad!	Sei vorsichtig damit, ihm die Wahrheit zu sagen!
Yo no me siento con fuerzas para hacerlo.	Ich fühle mich nicht imstande, es zu tun.
Tú no tienes motivo para reaccionar de esta forma.	Du hast gar keinen Grund, so zu reagieren!

206 **Yo no soy capaz de hacerlo.** Ich bin nicht imstande, es zu tun.
Mi hermano estaría dispuesto a hacerlo. Mein Bruder wäre bereit, es zu tun.

> Infinitiv steht nach einer Reihe von Adjektiven und Partizipien jeweils mit einer bestimmten Präposition.

Die wichtigsten Beispiele:

capaz de	fähig, imstande	decidido a	entschlossen
incapaz de	unfähig	dispuesto a	bereit
necesario para	nötig	estar obligado a	verpflichtet sein
orgulloso de → 101	stolz	verse obligado a	s. gezwungen sehen
acostumbrado a	gewöhnt	tentado de	versucht

Infinitiv als Verkürzung von Nebensätzen

Auch im Dt. dient der Infinitiv zur Verkürzung von Nebensätzen: Er ging weg, ohne daß er etwas gesagt hätte/ohne etwas zu sagen. Im Sp. sind jedoch die Möglichkeiten der Satzverkürzung durch Präposition + Infinitiv zahlreicher.

207 He llamado al aeropuerto **para conseguir informaciones.**
Ich habe am Flughafen angerufen, um Auskunft zu bekommen.

> *para + Infinitiv* drückt Absicht oder Zweck aus.
> Nach *ir* und *venir* und anderen Verben der Bewegung steht meist *a* → 202.

208 **Al llegar a la oficina,** me encontré con un montón de trabajo.
Als ich ins Büro kam, fand ich einen Haufen Arbeit vor.

> *al + Infinitiv* verkürzt einen temporalen Nebensatz *(cuando llegué)*.

209 Siga Vd. esta carretera **hasta llegar (hasta que llegue → 157) a un puente.**
Fahren Sie diese Straße weiter, bis Sie zu einer Brücke kommen.
Voy a ponerme otro traje **antes de salir (antes que salga → 146).**
Ich ziehe einen anderen Anzug an, bevor ich weggehe.
Después de ponerse (después de que se había puesto) otro traje salió.
Nachdem er einen anderen Anzug angezogen hatte, ging er weg.

hasta + *Infinitiv*, *antes de* + *Infinitiv* und *después de* + *Infinitiv* stehen zur Verkürzung temporaler Nebensätze.
Nach *después de* steht meist Infinitiv Präsens, da die Vorzeitigkeit ausreichend durch die Präposition selbst ausgedrückt ist.

210 **Salió sin decir nada.** Er ging weg, ohne etwas zu sagen.

Zu beachten ist die Verneinung nach *sin* + *Infinitiv* → 628.

211 Llegó a ser director del Banco, no por sus méritos en el trabajo, **sino por ser (porque era) hijo de un ministro.** Er wurde Bankdirektor nicht wegen seiner Verdienste, sondern deshalb, weil er der Sohn eines Ministers ist.

por + *Infinitiv* steht zur Verkürzung von Kausalsätzen.

por + *Infinitiv* steht auch im Sinne eines Tausches → 590:

No sé qué daría por no estar solo.	Ich weiß nicht, was ich darum geben würde, daß ich nicht allein wäre.

por + *Infinitiv* steht auch für einen Relativsatz, der bezeichnet, was zu erwarten oder zu tun ist:

Queda muchísimo por hacer.	Es bleibt noch sehr viel zu tun.
No sabemos lo que está por venir.	Wir wissen nicht, was noch kommen wird.

Vgl. el porvenir — die Zukunft

212 **De no haberlo visto,** no lo creería. (si no lo hubiese visto)
Wenn ich es nicht gesehen hätte, würde ich es nicht glauben.
De no haberlo visto, no lo hubiera creído.
Wenn ich es nicht gesehen hätte, hätte ich es nicht geglaubt.

de + *Infinitiv* steht zur Verkürzung eines Bedingungssatzes.

213 Este litoral, **con ser tan bello** (aunque es tan bello), todavía no ha atraído mucho el turismo. Dieser Küstenstrich hat den Tourismus noch nicht sehr angelockt, obwohl er doch so schön ist.

con + *Infinitiv* steht zur Verkürzung eines Konzessivsatzes.

Infinitiv zur Verkürzung von Hauptsätzen

214 **¿Qué hacer?** Was tun? Was sollen wir tun?
¿A qué esperar más? Wozu noch länger warten?

Infinitiv kann Fragesätze verkürzen, die an die eigene Person oder Gruppe gerichtet sind.

Ebenso im abhängigen Fragesatz:

No sé qué hacer.	Ich weiß nicht, was ich tun soll.
No sé dónde preguntar.	Ich weiß nicht, wo ich fragen kann.
No sabía a quién decírselo.	Ich wußte nicht, wem ich es sagen sollte.

215 **¡A trabajar, chicos!** Los, arbeiten! Arbeitet! Arbeiten wir!

a + Infinitiv steht als ermunternder Zuruf statt Imperativ.

In vielen Bedeutungen verwendet wird *a ver:* lassen Sie mich mal sehen — mal sehen, was sich machen läßt — Moment, ich muß erst überlegen — usw.

216 **No asomarse por la ventana.** Nicht hinauslehnen!
Empujar. Drücken.
Tirar. Ziehen.
Apretar el botón. Knopf drücken.

Reiner Infinitiv steht bei allgemeinen Anweisungen oder Verboten statt Imperativ.

Infinitiv Aktiv in passivischer Bedeutung

217 Todo lo que dice **es muy fácil de entender.**
Alles, was er sagt, ist leicht zu verstehen (kann leicht verstanden werden).

In einigen Konstruktionen hat der Infinitiv, z. T. wie im Dt., passivische Bedeutung.

Die Konstruktion *es fácil/difícil de entender* ist nicht zu verwechseln mit der weitaus häufigeren Konstruktion mit unpersönlichen Ausdrücken *es fácil entenderlo, es necesario hacerlo* → 197.

Weitere Beispiele:

Es de desear que todo siga como hasta ahora.	Es ist zu wünschen, daß alles so weitergeht wie bisher.
La máquina todavía está sin estrenar.	Die Maschine ist noch nicht (zum erstenmal) benützt worden.
La máquina está por estrenar. → 211	Die Maschine ist noch nicht benützt.

Infinitiv mit eigenem Subjekt

218 **Antes de marcharse Enrique,** su madre le dijo que no volviera tarde.
Bevor Enrique wegging, sagte seine Mutter, er solle nicht spät zurückkommen.

> Eine Besonderheit des Sp. ist, daß der Infinitiv ein eigenes Subjekt haben kann. Dieses wird dem Infinitiv fast immer nachgestellt.

Durch das eigene Subjekt wird der Infinitiv losgelöst vom Inhalt des Hauptsatzes; man spricht von „absoluter" Konstruktion.
Vgl. die absoluten Konstruktionen mit *gerundio* → 231 und Partizip → 241.

Weitere Beispiele:

Al detenerse un coche delante de su casa, ya sabía que venían sus amigos.	Als vor seinem Haus ein Wagen hielt, wußte er schon, daß seine Freunde kamen.
De no haber sido él → 212 quien me lo decía, no lo hubiera creído.	Wäre nicht er es gewesen, der es mir sagte, so hätte ich es nicht geglaubt.
Después de haber salido el jefe, llamaron del Banco.	Nachdem der Chef weggegangen war, wurde von der Bank angerufen.

Die Kenntnis dieser Konstruktion ist wichtig beim Gebrauch eines einsprachigen sp. Lexikons, da sie oft zur Definition verwendet wird, z. B.

romper, v. i.	aufbrechen, anbrechen, intrans. Verb
empezar: romper el día	beginnen: der Tag bricht an
empezar de pronto: romper a hablar un niño	plötzlich beginnen: ein Kind platzt plötzlich heraus
fig.: brotar las flores	in übertragener Bedeutung: die Blumen brechen auf

Gerundio

Das *gerundio* ist eine unveränderliche Form des sp. Verbs. Es bezeichnet in erster Linie eine Handlung während des Verlaufs. Gelegentlich kann es mit dem dt. Partizip Präsens übersetzt werden: *se despidió sonriendo* — lächelnd verabschiedete sie sich. Es entspricht jedoch im allgemeinen nicht dem dt. Partizip Präsens: die ankommenden Züge — *los trenes que llegan.*
Ausnahme: *agua hirviendo* — kochendes Wasser.

219	tomar	**tomando**	**habiendo tomado**
	comer	**comiendo**	**habiendo comido**
	recibir	**recibiendo**	**habiendo recibido**

> Das *gerundio* der meisten Verben wird regelmäßig gebildet. Stellung des Personalpronomens beim *gerundio* → 476, → 478. Orthographische Besonderheiten → 66

Verben und Verbengruppen mit unregelmäßigem *gerundio:*

pedir → 29	pidiendo	decir → 39	diciendo
sentir → 30	sintiendo	poder → 45	pudiendo
dormir → 31	durmiendo	venir → 54	viniendo
morir → 31	muriendo		

Gerundio nach bestimmten Verben

220 **Estoy escribiendo una carta.** Ich schreibe gerade einen Brief.

> *estar + gerundio* betont stärker den momentanen Verlauf als das einfache Präsens → 171.

Auch in anderen Zeiten:

Estábamos cenando cuando llegó el telegrama.	Wir waren gerade beim Abendessen, als das Telegramm eintraf.
Me estarán buscando por todas partes.	Die werden mich jetzt gerade überall suchen.
Ayer te estuve buscando todo el día.	Gestern habe ich dich den ganzen Tag gesucht.
Frente a nuestra casa están construyendo una estación del Metro.	Gegenüber unserem Haus wird eine U-Bahn-Station gebaut.

221 **Sigo escribiendo.** Ich schreibe weiter.
Continúo escribiendo. Ich schreibe weiter.

Gerundio steht nach den Verben *seguir* → 29 und *continuar* → 18 — fortfahren, weitermachen.

Das *gerundio estando* oder *siendo* kann in dieser Konstruktion ausfallen:

Mi hermano sigue en Madrid.	Mein Bruder ist noch immer in Madrid.
Las condiciones siguen muy buenas.	Die Bedingungen sind nach wie vor sehr gut.

222 **Voy reuniendo material** para el libro que voy a escribir.
Ich sammle nach und nach Material für das Buch, das ich schreiben will.
Vengo reuniendo material ya desde hace dos años.
Ich bin schon seit zwei Jahren dabei, Material zu sammeln.

ir + gerundio und *venir + gerundio* drückt eine längere Entwicklung aus. *ir + gerundio* erfaßt die Gegenwart und Zukunft, *venir + gerundio* erfaßt zusätzlich auch die Vergangenheit dieser Entwicklung.

Beachten Sie die Redewendung *vamos tirando:*
— ¿Cómo está Vd.? — Vamos tirando. Wie geht's? — So einigermaßen.

223 **Empezó estudiando inglés,** pero después se dedicó más al francés.
Am Anfang studierte er Englisch, aber dann beschäftigte er sich mehr mit Französisch.
Durante mucho tiempo no sabía qué estudiar, **pero acabó estudiando Medicina.** Lange wußte er nicht, was er studieren sollte, aber schließlich studierte er dann Medizin.

empezar + gerundio und *acabar + gerundio* bezeichnet Handlungen, die am Anfang bzw. am Ende einer Entwicklung stehen. Vgl. 414

Den Anfang bzw. das Ende der Handlung selbst bezeichnen *empezar a* bzw. *acabar de* → 204.
Statt der Konstruktion mit *gerundio* kann auch der Infinitiv mit *por* stehen:

Empezó por estudiar inglés.	Er fing damit an, daß er Englisch studierte.
Si insistimos mucho, acabará por vendernos la casa.	Wenn wir sehr drängen, wird er uns das Haus am Ende doch verkaufen.

Gerundio als Verkürzung von Nebensätzen

Die Nebensatzverkürzung mit Infinitiv ist inhaltlich meist eindeutig festgelegt durch die verwendete Präposition → 209—216. Bei der Nebensatzverkürzung durch *gerundio* fehlt, außer beim Konzessivsatz → 228, jeder äußere Hinweis darauf, welche Art von Nebensatz verkürzt wurde; die Bedeutung ergibt sich nur aus dem Zusammenhang.

224 **Teresa se despidió sonriendo amablemente. Sonriendo amablemente, se despidió.** Freundlich lächelnd verabschiedete sich Teresa.
Me saludó diciendo que me había esperado.
Er begrüßte mich und sagte, er habe mich erwartet.

> *Gerundio* bezeichnet eine zeitlich und inhaltlich eng mit der Haupthandlung zusammengehörende Handlung. Im Dt. stehen dafür oft zwei mit *und* verbundene Hauptsätze. Hauptverb und *gerundio* haben gleiches Subjekt.

Nach den Regeln der Real Academia darf mit *gerundio* keine Handlung bezeichnet werden, die später stattfindet als die Haupthandlung. (Gegen diese Regel wird heute gelegentlich verstoßen).

225 **Estando con los niños, mi hermana suele ponerse muy nerviosa.**
Wenn meine Schwester bei den Kindern ist, wird sie meist sehr nervös.
Viendo que todos se habían ido, yo también me marché.
Als ich sah, daß alle weggegangen waren, ging ich auch.

> *Gerundio* verkürzt einen Temporalsatz *(cuando)*. Hauptverb und *gerundio* haben gleiches Subjekt.

Vorzeitigkeit wird durch die zusammengesetzte Form ausgedrückt:

Habiendo terminado el trabajo me fui a casa.	Nachdem ich die Arbeit beendet hatte, ging ich nach Haus.

226 **Teniendo que esperar mucho, se puso nervioso.**
Da er lange warten mußte, wurde er nervös.
Siendo amigo del director, Alberto tiene muchas ventajas.
Da Alberto mit dem Direktor befreundet ist, hat er viele Vorteile.

> *Gerundio* verkürzt einen Kausalsatz *(como)*. Weniger häufige Konstruktion.

227 **Teniendo tanto dinero como Paco, no viviría en esa casa tan vieja.**
Wenn ich soviel Geld hätte wie Paco, würde ich nicht in dem alten Haus wohnen.
Viviendo en la ciudad tiene uno mucho más posibilidades que en el campo.
Wenn man in der Stadt wohnt, hat man viel mehr Möglichkeiten als auf dem Land.

Gerundio verkürzt einen Bedingungssatz *(si)*. Ob die Bedingung erfüllbar oder unerfüllbar scheint, geht aus der Form des Hauptverbs hervor.

228 **Aun teniendo más tiempo no iría a ver esa película.**
Selbst wenn ich mehr Zeit hätte, würde ich mir diesen Film nicht ansehen.
Aun estando con sus amigos, Pepe se aburre.
Sogar wenn er mit seinen Freunden zusammen ist, langweilt sich Pepe.

aun + *gerundio* verkürzt einen Konzessivsatz (*aunque*, *aun cuando* → 150, → 151).

229 **Vi a Teresa saliendo de la casa.**
Ich sah, wie Teresa aus dem Haus ging. Ich sah sie aus dem Haus gehen.

Nach Verben der Wahrnehmung kann das Objekt des Hauptsatzes Subjekt des *gerundio* sein. Infinitivkonstruktion → 201.

Auch das Subjekt des Hauptverbs kann Subjekt des *gerundio* sein. Durch die Satzstellung wird ein Mißverständnis vermieden:
Saliendo de la casa, vi a Teresa. Als ich aus dem Haus ging, sah ich T.

230 **Tenía una habitación con un balcón mirando hacia el mar (= un balcón que miraba hacia el mar).** . . . mit einem Balkon (der) zum Meer (ging).

Nach einem Objekt mit *con* kann das *gerundio* einen Relativsatz verkürzen.

231 **Estando mi hermana con los niños, no estoy preocupado yo.**
Wenn/da meine Schwester bei den Kindern ist, habe ich keine Sorge.
Estando fuera mi padre, yo no podía decidir nada.
Da mein Vater nicht da war, konnte ich nichts entscheiden.

Das *gerundio* kann ein eigenes Subjekt haben, das im Hauptsatz nicht enthalten ist; es wird dem *gerundio* nachgestellt. Vgl. absolute Konstruktionen mit Infinitiv → 218 und Partizip → 241.

Partizip

Das Sp. kennt kein Partizip Präsens für alle Verben. Einzelne Formen, die als Partizip Präsens anzusprechen wären, gelten als Adjektiv: *sorprendente* überraschend, *brillante* glänzend, *ardiente* glühend usw.
Im folgenden ist daher nur vom Partizip Perfekt bzw. Partizip Passiv die Rede.

232 tomar **tomado** comer **comido** recibir **recibido**

> Die meisten Verben haben regelmäßiges Partizip.

Unregelmäßige Partizipien:

dicho → 39	puesto → 46	vuelto → 26	impreso → 56
hecho → 42	abierto → 56	resuelto → 26	
visto → 55	cubierto → 56	roto → 56	
provisto → 56	muerto → 31	escrito → 56	

233 **He abierto la puerta.** Ich habe die Tür geöffnet.
María ya habrá cenado. Maria wird schon zu Abend gegessen haben.

> *haber + Partizip* dient zur Bildung der zusammengesetzten Zeiten der Vergangenheit. Das Partizip ist unveränderlich.

234 **La sesión será interrumpida a mediodía.**
Die Sitzung wird mittags unterbrochen (werden).

> *ser + Partizip* dient zur Bildung des Passivs → 86. Konjugation Passiv → 12. Das Partizip ist veränderlich wie ein Adjektiv → 87, → 97.

235 **Hemos terminado las obras.** Wir haben die Bauarbeiten abgeschlossen.
Las obras están terminadas. Die Bauarbeiten sind abgeschlossen.
El coche ha sido lavado. Der Wagen ist gewaschen worden.
El coche está lavado. Der Wagen ist gewaschen.

> *estar + Partizip* transitiver Verben dient zur Bildung des Zustandspassivs → 90. Das Partizip ist veränderlich.

236 **Me he sentado — estoy sentado.** Ich habe mich gesetzt — ich sitze.
María se ha acostado — está acostada. Maria hat sich hingelegt — sie liegt.
Los niños se han dormido — están dormidos. Die Kinder sind eingeschlafen — sie schlafen.
Te has equivocado — estás equivocado. Du hast dich geirrt — du bist im Irrtum.

> *estar + Partizip* bezeichnet bei reflexiven Verben das Ergebnis der abgeschlossenen Handlung. Im Dt. entspricht dieser Konstruktion meist ein anderes, intransitives Verb.

237 **Pepe se aburre.** Pepe langweilt sich.
Jorge es aburrido. Jorge ist ein langweiliger Kerl.
Jorge está aburrido. Jorge langweilt sich.

> Einige Partizipien werden als reine Adjektive verwendet, d. h. sie bilden mit *ser* kein Passiv.

Auch der Perfektcharakter dieser Partizipien ist verlorengegangen, so daß neue Bedeutungen entstehen konnten. Zahlreiche Beispiele mit *ser* und *estar* → 102.

238 Hemos comprado **una casa recién construida.** → 389
Wir haben ein neugebautes Haus gekauft.
Ofrecimos un aperitivo a **los recién llegados.**
Wir boten den Neuangekommenen einen Aperitif an.

> Das Partizip wird als attributives Adjektiv (Adjektiv beim Substantiv) gebraucht. Es kann als Adjektiv substantiviert werden → 282.

239 La casa, **recién construida,** tiene todo el confort que puedas imaginarte.
Das Haus, das ja ganz neu gebaut ist, hat allen erdenklichen Komfort.

> Als Apposition ersetzt die Partizipialkonstruktion einen Relativsatz.

240 Mi amigo ha heredado **una casa recientemente construida por su abuelo.**
Mein Freund hat ein kürzlich von seinem Großvater gebautes Haus geerbt.
Es una casa muy elegante situada en uno de los mejores barrios de la ciudad.
Es ist ein sehr schönes Haus, das in einem der besten Viertel liegt.

Attributives Adjektiv + Präposition + Substantiv
kann im Dt. durch eine Partizipialkonstruktion wiedergegeben werden (die manchmal schwerfällig ist) oder durch einen Relativsatz.

Weitere Beispiele:

la fiesta preparada para el día de su Santo	das für ihren Namenstag arrangierte Fest
una iglesia destruida durante la guerra por un ataque aéreo	eine im Krieg durch Luftangriff zerstörte Kirche
un chico muy simpático educado en uno de los mejores colegios del país	ein sehr netter Junge, der in einer der besten Schulen des Landes erzogen worden war

241 **Pasados los tres días de tormenta,** el tiempo estuvo magnífico.
Nachdem die drei Gewittertage vorbei waren, war das Wetter prächtig.

Mit nachgestelltem eigenem Subjekt vertritt das Partizip einen temporalen Nebensatz.
Vgl. absolute Konstruktionen mit Infinitiv → 218 und *gerundio* → 231.

Weitere Beispiele:

Terminada la guerra se empezó con la reconstrucción del país.	Nach Beendigung des Krieges begann man mit dem Wiederaufbau des Landes.
Agotados todos los medios, Enrique no sabía qué hacer. → 214	Als alle Mittel erschöpft waren, wußte Enrique nicht, was er tun sollte.
Reunidos todos los delegados, se declaró abierta la sesión.	Als alle Delegierten versammelt waren, wurde die Sitzung eröffnet.

Diese Konstruktion kann auch durch Adverbien — *apenas*, *una vez* — oder durch Präpositionen — *después de* — eingeleitet werden. Die Einleitung durch *una vez* wird besonders auch dann verwendet, wenn im Hauptsatz Futur steht.

Apenas llegado mi amigo tuve que salir.	Kaum war mein Freund angekommen, mußte ich schon weg.
Una vez reunido el material que necesitaba me puse a trabajar.	Sobald ich das Material beisammen hatte, das ich brauchte, ging ich an die Arbeit.
Una vez reunido el material que necesito, me pondré a trabajar.	Sobald ich das Material beisammen habe, das ich brauche, werde ich mich an die Arbeit machen.
Después de arreglados los asuntos más urgentes me fui de vacaciones.	Nach Regelung der dringendsten Angelegenheiten fuhr ich in Urlaub.

Modal- und Hilfsverben

Gebrauch von *haber* → 91—93 (mit Ausnahme von *haber de* → 244—245)
Gebrauch von *estar* → 95—99
Gebrauch von *ser* → 100—108
Konstruktionen mit *gerundio* → 220—223
Verbalkonstruktion anstelle dt. Adverbien → 410—428

242 **Debemos hacer cuanto podamos.** Wir müssen alles tun, was wir tun können. **Habiendo estudiado tanto, deberías/debías saberlo.** Nachdem du soviel studiert hast, müßtest du es eigentlich wissen.

> *deber* bezeichnet eine Notwendigkeit, die nicht durch äußeren Zwang gegeben ist. Oft ergibt sie sich aus einer gewissen moralischen Verpflichtung. Statt *potencial* steht bei Modalverben häufig *pret. imperfecto*. Vgl. 162

243 **Salió a las ocho, de modo que debe (de) haber llegado ya a Madrid.** Er fuhr um acht Uhr hier ab, so daß er schon in Madrid angekommen sein muß.

> *deber de* bezeichnet eine Folgerung aus bekannten Tatsachen. Im Gegensatz zu den Regeln der Real Academia wird häufig nur *deber* verwendet.

244 **Todo lo que ha hecho, habrá de justificarlo.**
Alles, was er getan hat, wird er rechtfertigen müssen.

> *haber de* bezeichnet eine Notwendigkeit, die der Sprechende sieht und für richtig hält. Dabei steht weder äußerer Zwang *(tener que)* noch eine etwaige moralische Verpflichtung *(deber)* im Vordergrund.

245 **Me ha ofendido, pero me lo ha de pagar.**
Er hat mich beleidigt, aber das wird er mir bezahlen.

> *haber de* bezeichnet auch ein Futur. (Das eigentliche Futur ist entstanden aus *Infinitiv* + *haber: pagar he* = *pagaré*, *pagar has* = *pagarás* usw.).

246 **Hay que hacerlo.** Man muß es tun. → 93

247 **Haremos reparar el coche.** Wir werden das Auto reparieren lassen.

> *hacer* + *Infinitiv* = lassen, veranlassen.

In bestimmten Verbindungen wird *hacer* ausgelassen:

Me voy a cortar el pelo.	Ich lasse mir die Haare schneiden.
Me voy a hacer un traje.	Ich lasse mir einen Anzug machen.

Andere Entsprechungen für *lassen* (nicht *veranlassen*):

Le dejo ir, le permito ir.	Ich lasse ihn gehen.
Eso se puede arreglar.	Das läßt sich einrichten.

248 Ricardo quería ser médico, **pero no ha llegado a serlo.**
Ricardo wollte Arzt werden, aber er ist es nicht geworden (er hat es nicht geschafft).

> handelt sich dabei meist um das Erreichen eines Zieles.
> Zur Angabe des Berufszieles steht oft nur *ser*.

Eine einheitliche Entsprechung für das dt. Verb. *werden* gibt es im Sp. nicht. Dafür steht eine Reihe von Umschreibungsmöglichkeiten zur Verfügung:

Para muchos ha venido a ser una costumbre salir dos veces al año de vacaciones.	Für viele ist es Gewohnheit geworden, zweimal im Jahr in Urlaub zu fahren.
Pepito se ha puesto enfermo.	Pepito ist krank geworden.
Me puse furioso cuando leí la carta.	Ich wurde wütend, als ich den Brief las.
La cosa se ha puesto seria.	Die Sache ist ernst geworden.
Dolores se puso colorada al recibir las flores.	Dolores wurde rot, als sie die Blumen bekam.
Me volveré loco si sigue este ruido.	Ich werde noch verrückt, wenn der Lärm so weitergeht.
El día se hace muy caluroso.	Der Tag wird sehr heiß.
Se va haciendo tarde.	Es wird langsam spät.
Va siendo verano.	Es wird Sommer.
Luisita va siendo cada vez más guapa.	Luisita wird immer hübscher.
La vida se pone/se hace/resulta/va siendo cada día más cara.	Das Leben wird immer teurer.
Mi tío se ha hecho rico en América.	Mein Onkel ist in Amerika reich geworden.

El chico que al principio pareció tan poco simpático se convirtió en nuestro mejor amigo.	Der Junge, der anfangs so wenig nett schien, wurde unser bester Freund.

Das Sp. hat auch eine Reihe eigener Verben, die einem dt. *Adjektiv+werden* entsprechen:

adelgazar	schlank werden	enfadarse	böse werden
amanecer	Tag werden	enfriarse	kalt werden
anochecer	Nacht werden	engordar	dick werden
cansarse	müde werden	envejecer	alt werden
crecer	groß werden	refrescar	kühl werden

249 De momento **no puedo acordarme** de lo que dijo.
Im Augenblick kann ich mich nicht daran erinnern, was er sagte.
Trató de trabajar en Madrid, **pero no pudo hacer nada allí.**
Er versuchte in Madrid zu arbeiten, aber er konnte dort nichts erreichen.
¿ Podría ayudarme Vd. ?
Können Sie mir bitte helfen?

> *poder* bezeichnet eine materielle, physische oder vom Willen abhängige Möglichkeit oder Fähigkeit, etwas zu tun. Vgl. *saber* → 253

250 **¿ Puedo fumar ?** Darf/kann ich hier rauchen?
¿ Se puede ? Darf man reinkommen?

> *poder* bezeichnet eine Möglichkeit, die durch Erlaubnis oder Zustimmung gegeben ist.

251 **No quiero molestarle.** Ich will Sie nicht stören.
Voy a dejar el tabaco. Ich will das Rauchen aufgeben.

> *querer* bezeichnet im Indikativ festen Willen oder Wunsch. Auch *ir a+Inf.* ist ein Ausdruck des Wollens, nicht nur der Zukunft → 180.

querer dient auch als eine der Umschreibungen für das dt. Verb *sollen*, vor allem in der Frage:

¿Quiere que llame?	Soll ich anrufen?
Quiere que le llame.	Ich soll ihn anrufen.

252 **Quisiera ver algunos diccionarios,** ¿me puede recomendar alguno?
Ich möchte gern verschiedene Lexika sehen, können Sie mir eines empfehlen?
Quisiera tener una casa en la playa donde pudiera trabajar tranquilamente.
Ich hätte gern ein Haus am Strand, wo ich in Ruhe arbeiten könnte.

> *quisiera* (selten *querría*) bezeichnet einen höflich geäußerten Wunsch. Es steht auch, wenn der Wunsch nicht ohne weiteres erfüllbar scheint.

253 **Tú sabes tratar a la gente,** te envidio.
Du kannst gut mit den Leuten umgehen, ich beneide dich.

> *saber* bezeichnet eine Fähigkeit, die durch angeborenes oder erlerntes Geschick gegeben ist. Vgl. *poder* → 249—250.

Einige Beispiele zum Vergleich mit *poder:*

¿Sabes conducir? ¿Tienes carnet?	Kannst du autofahren?
Hoy ya no puedo conducir, estoy cansadísimo.	Heute kann ich nicht mehr fahren, ich bin todmüde.
Mis chicos todos saben nadar.	Meine Kinder können alle schwimmen.
El mar está estupendo, puedes nadar mucho tiempo sin tener frío.	Das Meer ist herrlich, da kannst du lange schwimmen, ohne zu frieren.
Tú no sabes estudiar, lo haces todo sin sistema alguno. → 471	Du kannst nicht lernen, du machst alles ohne jedes System.
No se puede estudiar sin hacer las cosas sistemáticamente.	Man kann nicht lernen, ohne systematisch zu arbeiten.

254 **Tengo que trabajar más, no hay remedio, pues la vida es cara.**
Ich muß mehr arbeiten, da bleibt nichts anderes übrig, denn das Leben ist teuer.
No tiene que hacerlo Vd. Sie brauchen das nicht zu machen.

> *tener que+Infinitiv* bezeichnet eine Notwendigkeit aufgrund äußeren Zwangs. Oft akzeptiert der Sprechende diesen Zwang ungern.
> (Sieht er die Notwendigkeit als sinnvoll ein und akzeptiert sie, so steht oft *deber* → 242 oder *haber de* → 244).

Beachten Sie die verschiedenen Entsprechungen für die verschiedenen Bedeutungen des dt. Verbs *brauchen:*

No tiene que pagarlo Vd.	Sie brauchen das nicht zu bezahlen.
No necesito este libro.	Ich brauche dieses Buch nicht.
Tarda una hora en hacerlo. → 202	Er braucht eine Stunde, um es zu tun.

Verben mit besonderer Konstruktion

Der folgende Abschnitt betrifft Verben, die nicht in 202—203 enthalten sind, da ihnen kein Infinitiv folgt oder die Konstruktion mit Substantiv oder Pronomen häufiger ist als die mit Infinitiv. Umgekehrt können viele der in 202—203 genannten Verben statt Infinitiv ein substantivisches Präpositionalobjekt haben, z. B. alegrarse del buen tiempo.
Es sind vor allem Verben aufgenommen, deren Konstruktion vom Dt. abweicht.

255	**acordar** → 24 una cosa con una persona	etwas mit jemand vereinbaren
	acordarse de una cosa	sich an etwas erinnern
256	**advertir** → 30 una cosa a una persona	jemand auf etwas aufmerksam machen
	advertir a una persona que no haga una cosa	jemand davor warnen, etwas zu tun
257	**agradecer** una cosa a una persona	jemand für etwas dankbar sein
	ser/estar agradecido → 102	dankbar sein
258	**cambiar** → 17	sich ändern
	cambiar una cosa	etwas auswechseln; etwas ändern
	cambiar una cosa por otra	etwas gegen etwas anderes tauschen
	cambiar de casa	umziehen
	cambiar de camisa, de traje etc.	sich umziehen
	cambiar de idea, de opinión	seine Meinung ändern
259	**constar**	feststehen
	hacer constar una cosa	etwas feststellen
	constar de varias partes	aus verschiedenen Teilen bestehen
260	**convencer** a una persona de una cosa	jemand von etwas überzeugen
	convencer a una persona para que haga una cosa	jemand dazu überreden, etwas zu tun
261	**decidir** una cosa	etwas entscheiden
	decidirse a hacer una cosa	sich entschließen, etwas zu tun
	decidirse por una cosa/persona	sich für etwas/jemand entscheiden
	decidirse por hacer una cosa	sich dafür entscheiden, etwas zu tun

262	**eligir** a una persona presidente	jemand zum Präsidenten wählen
	ser elegido presidente	zum Präsidenten gewählt werden
	ebenso: nombrar presidente, ser nombrado director usw.	
263	**encargar** una cosa	etwas bestellen, in Auftrag geben
	encargar a una persona de hacer una cosa	jemand beauftragen, etwas zu tun
	encargarse de hacer una cosa	es übernehmen, etwas zu tun
264	**exigir** una cosa a una persona → 120	etwas von jemand verlangen
	ebenso: pedir una cosa a una persona	
265	**impedir** → 29 una cosa	etwas verhindern
	impedir a una persona que haga una cosa	jemand daran hindern, etwas zu tun
266	**influir** en una cosa/persona	etwas/jemand beeinflussen
267	**nacer** como segundo hijo	als zweiter Sohn geboren werden
	haber nacido artista	zum Künstler geboren sein
268	**preguntar** una cosa a una persona → 71	jemand etwas fragen
269	**recordar** → 24 una cosa/persona	sich an etwas/jemand erinnern
	recordar una cosa a una persona	jemand an etwas erinnern
270	**responder** a una cosa/persona	auf etwas antworten/jemand antworten
	responder de una cosa	für etwas verantwortlich sein, haften
271	**saber** una cosa	etwas wissen
	saber a una cosa	nach etwas schmecken
272	**servir** de una cosa	als etwas dienen
	servir para hacer una cosa	zu etwas dienen

Verb und Subjekt

273 **El niño juega.** Das Kind spielt.
Los niños juegan. Die Kinder spielen.

Das Verb stimmt in der Zahl (Sg./Pl.) mit dem Subjekt überein.

274 **La mayoría** de los estudiantes **trabaja** en serio.
Die Mehrzahl der Studenten arbeitet ernsthaft.
Multitud de estudiantes **se habían reunido** en la Plaza Mayor.
Eine Menge Studenten hatten sich am Hauptplatz versammelt.

Das Subjekt ist Sg. — *mayoría*, *multitud* —, beinhaltet jedoch einen Plural, der genannt ist: *estudiantes*. Die Übereinstimmung des Verbs schwankt ähnlich wie im Dt. je nachdem, ob das Subjekt mehr als Einheit oder als Vielzahl empfunden wird.

275 **Lo primero que decías es verdad, pero todo lo demás son mentiras.**
Das erste, was du sagtest, stimmt, aber alles andere sind Lügen.

Wenn das Prädikatsnomen — *mentiras* — Pl. ist, steht das Verb im Plural.

Bei Prädikatsnomen im Sg. besteht Übereinstimmung des Verbs mit dem Subjekt:

Los problemas sociales son el tema principal de la discusión.	Die sozialen Probleme sind das Hauptthema der Diskussion.

276 **Yo no lo sé, ¿ lo sabes tú ?** Ich weiß es nicht, weißt du es?

Das Verb stimmt in der Person mit dem Subjekt überein.

277 **Tú y yo podríamos hacerlo.** Du und ich, wir könnten es machen.
Tú y tu amigo lo sabéis. Du und dein Freund, ihr wißt es.

1.+2. Pers. = 1. Pers. Pl. — 2.+3. Pers. = 2. Pers. Pl.

278 **Los hombres somos así.** Wir Männer sind so.
Las españolas sois muy distintas. Ihr Spanierinnen seid ganz anders.

Wird die sprechende oder angesprochene Person in das Subjekt im Pl. einbezogen, so steht das Verb in der 1. bzw. 2. Pers. Pl.

Der Artikel

Formen des bestimmten Artikels

279 **el libro** **los libros** das Buch, die Bücher
la casa **las casas** das Haus, die Häuser

> Der bestimmte Artikel ist maskulin *el*, Pl. *los*, femin *la*, Pl. *las*

280 **al teatro** zum Theater
del teatro vom Theater, des Theaters

> Mit *a* und *de* verbindet sich der Artikel *el* zu *al* bzw. *del*.

281 **El agua del mar está deliciosa hoy.** Das Wasser des Meeres ist heute herrlich.

> Feminine, die mit betontem *a- (ha-)* beginnen, haben im Sg. den Artikel *el*, im Pl. *las*. Ausnahme → 315.

el acta	Protokoll	el ama de casa	Hausfrau
el agua	Wasser	el arpa	Harfe
el águila	Adler	el hacha	Axt
el ala	Flügel	el hambre	Hunger
el alma	Seele	el haya	Buche

282 **Lo bueno** siempre es caro. Das Gute ist immer teuer.
Lo mejor es hablar con mi padre. Das beste ist, mit meinem Vater zu sprechen.
Lo primero que hago es abrir la ventana. Das erste, was ich tue, ist, daß ich das Fenster aufmache.
Cada uno defiende **lo suyo**. Jeder verteidigt das Seine.

> Adjektive, Ordnungszahlen und Possessivpronomen werden mit *lo* substantiviert.

Infinitive → 196 und andere Wortarten werden mit *el* oder *la* substantiviert:

el por qué	der Grund	el uno	die Eins
el cómo	das Wie	la nada	das Nichts

283 **A lo lejos se ve ya el pueblo.** In der Ferne sieht man schon den Ort.
A lo mejor no lo sabe. Vielleicht weiß er es nicht.
Por lo visto no tiene interés. Anscheinend hat er kein Interesse.

lo ist Bestandteil einiger adverbieller Ausdrücke.

284 **Pepe es lo suficientemente listo para comprenderlo.**
Pepe ist gescheit genug, um das zu verstehen.

lo steht vor *suficientemente* + *Adjektiv/Adverb*

285 **lo difícil que es** → 519

286 **lo más rápidamente posible** → 406

287 **más de lo normal** → 371

Formen des unbestimmten Artikels

288

un libro	**unos libros**	ein Buch, (einige) Bücher
una casa	**unas casas**	ein Haus, (einige) Häuser

Der unbestimmte Artikel ist maskulin *un*, Pl. *unos*, feminin *una*, Pl. *unas*.

Der Plural steht als Artikel besonders bei Substantiven, die nur im Plural gebraucht werden, z.B. *los alrededores* → 328:

La ciudad tiene unos alrededores preciosos.	Die Stadt hat eine wundervolle Umgebung.

Sonst steht *unos, unas* als unbestimmtes Zahlwort: ein paar, einige.

289 **Tengo un hambre que no me aguanto.**
Ich habe einen Hunger, daß ich es nicht mehr aushalte.

Feminine, die mit betontem *a- (ha-)* beginnen, haben im Sg. den Artikel *un*, im Pl. *unas*. → 281.

290 **El señor García tendrá unos 50 años.** Herr García wird etwa 50 Jahre alt sein.

unos, unas vor Zahlwörtern bedeutet: ungefähr, rund, etwa.

Besonderheiten in der Verwendung des bestimmten Artikels

291

el señor Domínguez	Herr Domínguez
la señora Pérez, la señora de Pérez	Frau Pérez
la señorita García	Fräulein García
el doctor Salinas	Herr Dr. Salinas

Der bestimmte Artikel steht vor Titeln.

Ausgenommen ist die Anrede:

¿Cómo está Vd., señorita García? Wie geht es Ihnen, Fräulein García?

292 **El oro reluce.** Gold glänzt.
Los perros son fieles. Hunde sind treu.
La sinceridad es algo muy simpático. Aufrichtigkeit ist etwas Sympathisches.
La Química no me interesa mucho. Chemie interessiert mich nicht sehr.
El español me gusta mucho. Spanisch gefällt mir sehr gut.

In allgemeinen Aussagen über Stoffe, Gattungen, Abstrakta *(sinceridad, libertad* usw.*)*, Lernfächer und Wissensgebiete steht der bestimmte Artikel. Tiergattungen stehen dabei meist im Plural.

293 **Nosotros los españoles queremos mucho a los alemanes.**
Wir Spanier mögen die Deutschen sehr gern.

Im Sp. auch ohne Personalpronomen:
Los españoles queremos mucho a los alemanes. → 278

294 **María tiene los ojos azules.** Maria hat blaue Augen.
Llevaba los pantalones muy estrechos. Er hatte sehr enge Hosen an.

In der Beschreibung von Körperteilen oder Kleidungsstücken steht nach *tener, llevar* usw. häufig der bestimmte Artikel.

295 **Es la una.** → 437 Es ist ein Uhr.
Son las dos. Es ist zwei Uhr.

In Angaben der Uhrzeit steht der bestimmte Artikel *la (hora)*, *las (horas)*.

296 **A los veinte años de edad se fue para América.** Mit 20 ging er nach Amerika.
A las dos horas llegamos allí. Nach zwei Stunden kamen wir dort an.
A los 20 km. verá una casa. Nach 20 km werden Sie ein Haus sehen.

Bestimmter Artikel steht in Angaben über eine zurückgelegte Zeit oder Strecke mit der Präposition *a*.

Die rein örtliche Entfernungsangabe steht ohne Artikel:
Toledo está a 80 km. de Madrid. Toledo liegt 80 km von Madrid.

297 **¿ No te gusta jugar a las cartas ?** Spielst du nicht gern Karten?
Mi hermana toca muy bien el piano. Meine Schwester spielt gut Klavier.

Nach *jugar a* — ein Spiel spielen — und *tocar* — ein Instrument spielen — steht die Bezeichnung des Spiels bzw. Instruments mit bestimmtem Artikel.

Weitere Beispiele:

jugar al tenis	Tennis spielen	tocar el violín	Violine spielen
jugar al ajedrez	Schach spielen	tocar el timbre	klingeln
jugar al fútbol	Fußball spielen	tocar (la bocina)	hupen

298 **Me molesta el tener que esperar.** → 197 Es ärgert mich, warten zu müssen.
Es trágico (el) que sea así. → 132, → 611 Es ist tragisch, daß es so ist.

299 Se han iniciado las negociaciones entre España y **la Argentina.**
Die Verhandlungen zwischen Spanien und Argentinien haben begonnen.
Procedente de **la Habana,** ha llegado a Madrid el Ministro de Agricultura **del Japón.**
Aus Havanna kommend, traf in Madrid der Landwirtschaftsminister Japans ein.

Einige Städte- und Ländernamen haben bestimmten Artikel.

Die wichtigsten Beispiele:

la Argentina	el Ecuador	el Perú	el Cairo
el Brasil	la India	el Tirol	la Habana
la China	el Japón	el Uruguay	La Haya → 281
el Canadá	el Paraguay		

In der Nachrichtensprache und in Aufzählungen fehlt oft der Artikel:

Francia y Argentina han firmado un convenio.	Frankreich und Argentinien haben ein Abkommen unterzeichnet.

Wegfall des Artikels

300 **He bebido medio litro de vino.** Ich habe einen halben Liter Wein getrunken.
He hablado con otro señor. Ich habe mit einem anderen Herrn gesprochen.
¿ Quieres tomar otro coñac ? Möchtest du noch einen Cognac?

> Vor *medio* und *otro* steht kein unbestimmter Artikel.

Die gleiche Regel für *cierto* wird heute kaum noch beachtet:

Ha preguntado por ti un cierto señor López.	Ein gewisser Herr López hat nach dir gefragt.

301 **Ahora que tenéis coche,** podéis ir a la montaña.
Jetzt, wo ihr ein Auto habt, könnt ihr ins Gebirge fahren.
Nos vamos a casar pronto. **Ya tengo piso.**
Wir heiraten bald, ich habe schon eine Wohnung.

> Ohne Artikel steht nach *tener* die Bezeichnung von Dingen, die man normalerweise nicht mehrfach besitzt bzw. bei denen es in erster Linie darauf ankommt, ob man sie überhaupt besitzt oder nicht.

Bei ergänzender Beschreibung steht jedoch der Artikel:

¿ Sabes que Miguel tiene novia?	Weißt du, daß Miguel eine Freundin hat?
Tiene una novia muy simpática.	Er hat eine sehr nette Freundin.

302 **Mis padres van en avión.** Meine Eltern reisen mit dem Flugzeug.
Yo voy en coche. Ich fahre mit dem Auto.

Ohne Artikel steht die Bezeichnung des Fortbewegungsmittels nach *en.*

Daneben gibt es auch *con + Artikel:*

¿ Vas con el coche?	Fährst du mit dem Auto?

303 Las negociaciones se desarrollaron en **un ambiente de tensión.**
Die Verhandlungen verliefen in gespannter Atmosphäre, in einer Atmosphäre der Spannung.

Attributive Angaben charakteristischer Merkmale mit *de* stehen ohne Artikel.

Weitere Beispiele:

el ambiente de pequeña ciudad	das Kleinstadtmilieu
el colegio de niñas	die Mädchenschule
un reloj de oro	eine goldene Uhr

304 Encontrar un piso **es cosa fácil** en esta ciudad.
In dieser Stadt eine Wohnung zu finden, ist ein leichtes.
Esto no lo hago yo. **Es cosa de mujeres.**
Das mache ich nicht. Das ist Frauensache.
Lo que ves allí **es prueba de lo que digo.**
Was du dort siehst, ist ein Beweis für das, was ich sage.

In allgemeinen Aussagen stehen *es cosa, es prueba* und einige ähnliche Ausdrücke ohne Artikel.

Bei ergänzender Beschreibung steht der Artikel:

Eso de la guerra es una cosa terrible.	Das mit dem Krieg ist etwas Schreckliches.
Tú trabajas demasiado. Es una cosa que yo no comprendo.	Du arbeitest zuviel. Das ist etwas, was ich nicht verstehe.

305 Ayer, el nuevo Presidente **prestó juramento.**
Gestern legte der neue Präsident den Eid ab.

In einigen festen Verbindungen Verb + Substantiv fehlt der Artikel. → 301.

Weitere Beispiele:

prestar declaración	eine Aussage machen	correr/ver mundo	s. in der Welt umsehen

306 **A mediodía** es imposible trabajar aquí.
Am Mittag ist es hier unmöglich zu arbeiten.
En verano solemos ir a la playa. Im Sommer fahren wir meistens ans Meer.
En junio llueve mucho. Im Juni regnet es viel.
Colón salió **en busca** de un nuevo camino para la India.
Kolumbus fuhr aus auf der Suche nach einem neuen Weg nach Indien.

> In einer Reihe feststehender Verbindungen mit Präposition (Zeitangaben, zusammengesetzte Präpositionen) fehlt der Artikel.

Wichtige Beispiele, die z. T. auch dem Dt. entsprechen:

a mediodía	am Mittag	en manos de	in die Hände von
a medianoche	um Mitternacht	en verano/otoño/ invierno	im Sommer/Herbst/ Winter
de día	am Tag, bei Tag		
de noche	bei Nacht	en (la) primavera	im Frühling
en busca de	auf der Suche nach	en honor de	zu Ehren von

307 **Carlos Quinto** (Carlos V) pudo decir que no se ponía el sol en su imperio.
Karl V. konnte sagen, daß in seinem Reich die Sonne nicht unterging.

> Kein Artikel steht bei der Zählung von Herrschernamen. → 451

308 **Julio Camba, periodista y humorista español,** escribió también sobre Alemania.
Julio Camba, ein spanischer Journalist und Humorist, schrieb auch über Deutschland.

> Ist der Inhalt der Apposition nicht als bekannt vorauszusetzen, so fehlt der Artikel.

309 Allí están tendidos al sol todo el día, **cosa que yo no aguantaría.**
Da liegen sie den ganzen Tag in der Sonne, was ich nicht aushalten würde.
Las grandes ciudades crecen a un ritmo cada vez más acelerado, **fenómeno que debe tenerse en cuenta en toda planificación.**
Die Großstädte wachsen immer schneller, eine Erscheinung, die man bei jeder Planung berücksichtigen muß.

> Der Artikel fehlt in der Apposition mit anschließendem Relativsatz. *Cosa que*, *hecho que* usw. stehen statt *lo que* → 537.

Das Substantiv

Das Geschlecht der Substantive

310	**el padre** (m)	der Vater	**el libro** (m)	das Buch
	la madre (f)	die Mutter	**la mesa** (f)	der Tisch

> Personenbezeichnungen haben das natürliche Geschlecht. Bei den anderen Substantiven bestimmt der Artikel das Geschlecht.
> Ausnahme *agua* → 281, → 299. Geschlecht von Substantivierungen → 282.

311	**el libro** (m)	**el balcón** (m)	**el garaje** (m)
	el calor (m)	**el alemán** (m)	

> Substantive auf *-o*, *-or*, *-ón*, *-án*, *-aje* sind maskulin.
> Hierzu zählen nicht die Endungen *-ión*, *-zón*.

Wichtigste Ausnahmen:

la mano (f)	Hand	la radio (f)	Rundfunk, Rundfunkgerät
la flor (f)	Blume		

312	**la mesa** (f)	**la ciudad** (f)	**la juventud** (f)	**la serie** (f)
	la nación (f)	**la libertad** (f)	**la costumbre** (f)	**la actriz** (f)

> Substantive auf *-a*, *-ción*, *-dad*, *-tad*, *-tud*, *-umbre*, *-ie*, *-triz* sind feminin.

Ausgenommen sind eine Reihe von Substantiven auf *-a* (meist griechischen Ursprungs):

el día (m)	Tag	el tranvía (m)	Straßenbahn
el idioma (m)	Sprache	el enigma (m)	Rätsel

sowie die internationalen Wörter *el clima*, *el diploma*, *el drama*, *el panorama*, *el planeta*, *el problema*, *el síntoma*, *el sistema*, *el telegrama* usw.

313	**el Guadiana** (m)	Guadiana (Fluß)	**el manzano** (m)	Apfelbaum
	el „Times“ (m)	die „Times“	**el dos** (m)	die Zwei

Flüsse, Zeitungen, Bäume und Zahlen sind maskulin.

Ausnahmen: „La Vanguardia“ de Barcelona, „La Nación“ de Buenos Aires.

314 **España es rica** en canciones populares. Spanien ist reich an Volksliedern.
Madrid es moderno. Madrid ist modern.

Länder- und Städtenamen auf *-a* sind feminin, die anderen meist maskulin.

Eine Ausnahme ist der Fall, daß der Städtename die Bewohner bezeichnet:

Todo Sevilla está ahí en la Feria.	Ganz Sevilla ist bei der Feria.

315 En español, **la h (hache)** no se pronuncia.
Im Spanischen wird das h nicht ausgesprochen.

Buchstaben sind feminin: *la a*, *la b*, *la c*, *la ch (ce hache/che)* usw.

316

el mar (m)	Meer	**el arte** (m)	Kunst
en alta mar (f)	auf hoher See	**las bellas artes** (f)	die schönen Künste

el mar, *el arte* und einige andere maskuline Substantive werden in bestimmten Ausdrücken als Feminin verwendet.

317

el capital (m)	Kapital	**la capital** (f)	Hauptstadt

Einige Substantive — sogenannte Homonyme — haben als Maskulin und Feminin verschiedene Bedeutung.

Die wichtigsten Beispiele:

el policía	Polizist	la policía	Polizei
el guardia	Wächter	la guardia	Wache
el cura	Pfarrer	la cura	Kur
el frente	Front	la frente	Stirn
el pendiente	Ohrring	la pendiente	Abhang, Gefälle
el orden	Ordnung, Reihenfolge, relig. Orden	la orden	Befehl, Auftrag, Bestellung

318 **el periodista** **la periodista** Journalist/-in
el intérprete **la intérprete** Dolmetscher/-in

> Einige Berufsbezeichnungen und ähnliche Substantive (meist auf *-e* oder *-a*) werden für beide Geschlechter verwendet.

Weiter Beispiele:

el/la amante	Geliebter/-e	el/la estudiante	Student/-in
el/la ciclista	Radfahrer/-in	el/la patriota	Patriot/-in
el/la espía	Spion/-in	el/la idiota	Idiot/-in
el/la camarada	Kamerad/-in	el/la artista	Künstler/-in
el/la testigo	Zeuge/-in	el/la socialista	Sozialist/-in

Bei anderen Berufsbezeichnungen wird die maskuline Form auch für Damen verwendet:

La señora García es médico, ¿ sabe Vd. ?	Frau García ist Ärztin, wissen Sie?
La señora Gutiérrez, ministro de Salud Pública, pronunció un interesante discurso.	Frau Gesundheitsminister Gutiérrez hielt einen interessanten Vortrag.

319

el niño	Knabe	**la niña**	Mädchen
el pariente	Verwandter	**la parienta**	Verwandte
el conde	Graf	**la condesa**	Gräfin
el poeta	Dichter	**la poetisa**	Dichterin
el rey	König	**la reina**	Königin
el señor	Herr	**la señora**	Dame
el actor	Schauspieler	**la actriz**	Schauspielerin

> Für die Bildung des Feminins von Substantiven gibt es gewisse Regelmäßigkeiten; jedes der Beispiele steht für eine Gruppe. Feste Regeln fehlen.

320 **el hombre** Mann **la mujer** Frau

> Wie im Dt. gibt es für die feminine Entsprechung mancher Maskuline eigene Wörter.

Die wichtigsten Beispiele:

padre/madre	Vater/Mutter	caballo/yegua	Pferd/Stute
yerno/nuera	Schwiegersohn/-tochter	carnero/oveja	Hammel/Schaf
		toro/vaca	Stier/Kuh

Die Bildung des Plurals

321 **el libro** | **los libros** | **la casa** | **las casas**

> Substantive mit Endung auf Vokal bilden den Plural mit *-s*.

Ausnahmen sind die Substantive auf betontes *-í* (und einige seltenere auf *-á*):

el israelí	los israelíes	Israeli
el jabalí	los jabalíes	Wildschwein
el bajá	los bajaes	Pascha

322 **el árbol** | **los árboles** | **la nuez** | **las nueces**

> Substantive mit Endung auf Konsonant bilden den Plural mit *-es*. (Dabei wird *-z* zu *-ces*). Sonderfälle → 331

Als Konsonanten gelten auch *-y* und *-j* → 636:

el reloj/relojes	Uhr	el rey, reyes	König

Ausnahmen sind einige maskuline Fremdwörter:

álbum, álbums	complot, complots	lord, lores
club, clubs	frac, fracs	ballet, ballets [ba'lɛ, ba'lɛs]

323 **la crisis** | **las crisis** | **el cumpleaños** | **los cumpleaños**

> Auf der vorletzten oder drittletzten Silbe betonte Substantive auf *-s* sind im Plural unverändert.

Hierzu gehören Wochentage, einige ursprünglich griechische Wörter wie *crisis* sowie Zusammensetzungen, deren zweiter Bestandteil bereits ein Plural ist:

el lunes	Montag	el pararrayos	Blitzableiter
el cumpleaños	Geburtstag	el parachoques	Stoßstange
el limpiabotas	Schuhputzer	el parabrisas	Windschutzscheibe
el paraguas	Regenschirm	el limpiaparabrisas	Scheibenwischer

324 **el ferrocarril** | **los ferrocarriles** | **el sordomudo** | **los sordomudos**

> Bei zusammengesetzten Substantiven — *el sordomudo* der Taubstumme — erhält der letzte Bestandteil die Pluralendung.

325 **la solución** **las soluciones** **el canon** **los cánones**

Im Pl. wird die gleiche Silbe betont wie im Sg., wodurch Akzente überflüssig oder erforderlich werden können.

Ausnahmen mit Verschiebung der Betonung:

el carácter	los caracteres	Charakter
el régimen	los regímenes	Regime

326 Las dos hermanas estaban casadas con dos señores que ellas mismas llamaban **maridos modelo.** Die beiden Schwestern waren mit zwei Männern verheiratet, die sie selbst Mustergatten nannten.

Das attributiv verwendete Substantiv — *modelo* — wird nicht in den Plural gesetzt.

Ähnliche Verbindungen:

el buque escuela	Schulschiff	el buque cisterna	Tanker

Besonderheiten in der Verwendung von Singular und Plural

327 **Está esperando mucha gente.** Es warten viele Leute.

la gente bezeichnet einen Plural, steht jedoch als Sammelbegriff im Sg.

Entgegen den Vorschriften der Real Academia wird heute auch Pl. gebraucht:

Hoy día, las gentes ya no quieren trabajar como antes.	Heutzutage wollen die Leute nicht mehr wie früher arbeiten.

328 **Los alrededores de Santander** son muy bonitos.
Die Umgebung von Santander ist sehr hübsch.

Eine Reihe von Substantiven, denen im Dt. ein Sg. entspricht, werden nur im Pl. verwendet (z. T. handelt es sich um zweiteilige Gegenstände).

Wichtige Beispiele (einige kommen auch im Sg. vor):

las afueras	Umgebung	las tenazas	Beißzange
los alicates	Flachzange	las pinzas	Pinzette

las tijeras	Schere	los modales	Benehmen
las gafas	Brille	las bodas	Hochzeit
los lentes	Brille	las nupcias	Hochzeit
los gemelos	(Zwillinge) Opernglas, Manschettenknöpfe	en segundas nupcias	in zweiter Ehe
		las cosquillas	Kitzel
los pantalones	Hose	me hace cosquillas	es kitzelt mich

Tengo que comprarme unas gafas de sol. → 288 — Ich muß mir eine Sonnenbrille kaufen.

329 **Son las ocho de la tarde. A estas horas,** los negocios están cerrados en Alemania.
Es ist acht Uhr. Um diese Zeit sind die Geschäfte in Deutschland geschlossen.

> In einigen festen Ausdrücken steht im Gegensatz zum Deutschen Plural.

a estas horas ist eine allgemeinere Zeitangabe als *a esta hora* — zu dieser Zeit.
Weitere Beispiele:

buenos días	guten Tag	a estas alturas del año	um diese Zeit des Jahres
buenas tardes	guten Tag/Abend		
buenas noches	gute Nacht		

330 **el padre** Vater **los padres** Eltern

> Der Plural von Verwandtschafts- und anderen Personenbezeichnungen steht für Mann und Frau bzw. mehrere Familienmitglieder.

mis abuelos maternos	meine Großeltern mütterlicherseits	mis hermanos	meine Geschwister
		los tíos	Onkel und Tante

331 **la esposa** Gattin **las esposas** Handschellen

> Bei einigen Substantiven tritt durch Pluralbildung eine Bedeutungsänderung ein.

Weitere Beispiele:

el celo	Eifer	los celos	Eifersucht
la corte	Fürstenhof	las Cortes	sp. Parlament

Die Deklination des Substantivs

332 **el coche**	**los coches**	**la mesa**	**las mesas**
del coche → 280	**de los coches**	**de la mesa**	**de las mesas**
al coche → 280	**a los coches**	**a la mesa**	**a las mesas**
el coche	**los coches**	**la mesa**	**las mesas**

> Nominativ und Akkusativ sind gleich.
> Genitiv wird mit *de* gebildet, Dativ mit *a*.

333 **Saludé al señor García.** → 291 Ich begrüßte Herrn García.

> Für Personenbezeichnungen wird der Akkusativ mit *a* gebildet.

Dies gilt nicht nur für Substantive, sondern auch für andere Wortarten:

¿A quién quieres visitar?	Wen willst du besuchen?
No hemos visto a nadie.	Wir haben niemand gesehen.
Si no lo hace él, rogamos a otro. → 300	Wenn er es nicht macht, bitten wir einen anderen.

Ausnahmen sind das Relativpronomen *que* → 531, das mit dem Verb verbundene Personalpronomen → 453 sowie der Akkusativ nach Präpositionen:

El chico que buscas no está.	Der Junge, den du suchst, ist nicht da.
No le he visto.	Ich habe ihn nicht gesehen.
Esta carta es para el vecino.	Der Brief ist für den Nachbarn.

334 **Dejé al perro en casa.** Ich ließ den Hund zu Haus.

> Bezeichnungen von Tieren, zu denen ein persönliches Verhältnis besteht, stehen im Akkusativ mit *a*.

335 **No temía a la muerte.** Er fürchtete den Tod nicht.
Los vinos han hecho famoso a Jerez. Seine Weine haben Jerez berühmt gemacht.

> Den Akkusativ mit *a* bilden Begriffe, die personifiziert vorgestellt werden können, besonders wenn das vorangehende Verb häufig ein personales Objekt hat.

Verben, die auf das Akkusativobjekt personifizierend wirken können — nicht müssen! —, sind vor allem:

amar	lieben	matar	töten
combatir	bekämpfen	odiar → 17	hassen
defender → 21	verteidigen	querer → 47	lieben
hacer famoso	berühmt machen	temer	fürchten

336 **Tengo un buen amigo.** Ich habe einen guten Freund.
Busco una secretaria. Ich suche eine Sekretärin.
Necesitamos una chica que salga de paseo con los niños → 139. Wir brauchen ein Mädchen, das mit den Kindern spazierengeht.
Aquí te traigo unos amigos que querían hablar contigo. Hier bringe ich dir ein paar Freunde, die mit dir sprechen wollten.

> Personenbezeichnungen stehen im Akkusativ ohne *a*, wenn entweder die betreffende Person nicht scharf umrissen und genau bekannt ist — also vor allem bei Verwendung des unbestimmten Artikels — oder das verwendete Verb überwiegend mit nicht personalen Objekten gebraucht wird. (Häufig treffen beide Merkmale zusammen).

Verben, die auf das personale Akkusativobjekt „entpersönlichend" wirken, sind:

buscar	suchen	necesitar	brauchen
encontrar → 24	finden	ver → 55	sehen
llevar	mitnehmen	tener → 51	haben

Vergleichsbeispiele mit und ohne *a:*

Busco una secretaria.	Busco a la secretaria que tiene la llave de la caja (Kassenschlüssel).
Aquí te traigo unos amigos.	Aquí te traigo a los amigos de que te he hablado.
He visto un niño jugando allí.	He visto a tu padre.
En mi coche puedo llevar cinco personas.	Voy a llevar a mi madre a la estación.

Das Adjektiv

Die Formen: maskulin, feminin - Singular, Plural - Elativ

337 He comprado **un libro muy caro.** Ich habe ein sehr teures Buch gekauft. He visto **una revista muy cara.** Ich habe eine sehr teure Zeitschrift gesehen.

> Die meisten Adjektive sind zweiendig: sie haben eine feminine Form auf *-a*.

Hierzu gehören die Adjektive auf *-o*, *-dor*, *-ón*, *-án*, die meisten Länder- und Städteadjektive (vgl. *belga*, *israelí* → 338) sowie die adjektivisch verwendeten Partizipien → 233—241.

Beispiele:

-o	antiguo	antigua	alt
-dor	trabajador	trabajadora	fleißig
-ón	comilón	comilona	gefräßig
-án	holgazán	holgazana	faul
Land	inglés	inglesa	englisch
	español	española	spanisch
Stadt	barcelonés	barcelonesa	von Barcelona

338 Lleva Vd. **un vestido muy elegante.** Sie haben ein sehr elegantes Kleid. ¿Dónde compró Vd. **esa blusa tan elegante**? Wo haben Sie diese elegante Bluse gekauft?

> Adjektive auf *-e* sowie einige andere Adjektive sind einendig: maskuline und feminine Form sind gleich.

Neben den Adjektiven auf *-e* gehören hierzu die Adjektive auf *-a*, *-í*, *-ior*, *-ar*, *-tal*, *-z* sowie fünf weitere wichtige Adjektive.

Beispiele:

-e	brillante	brillante	glänzend
-a	belga	belga	belgisch
-cola	agrícola	agrícola	landwirtschaftlich
-ista	optimista	optimista	optimistisch

-í	israelí	israelí	israelisch
-ior	exterior	exterior	äußere, äußerlich
	anterior	anterior	früher
-ar	ejemplar	ejemplar	beispielhaft
-tal	fundamental	fundamental	grundlegend
-z	feliz	feliz	glücklich
sowie außerdem	gris	gris	grau
	cortés	cortés	höflich
	fiel	fiel	treu
	azul	azul	blau
	común	común	gemeinsam

Vgl. die einendigen Pronomen *cada* → 555, *cualquiera* → 556.

339 **el libro caro** **los libros caros** → 329
un joven israelí **jóvenes israelíes** → 329
la blusa azul **las blusas azules** → 330
una chica feliz **unas chicas felices** → 330

> Für die Pluralbildung der Adjektive gelten die gleichen Regeln wie für die Substantive.

340 **Tengo un coche amarillo.** Ich habe ein gelbes Auto.
Mi coche es amarillo. Mein Auto ist gelb.
Las ventanas están sucias. Die Fenster sind schmutzig.

> Das Adjektiv richtet sich in Zahl und Geschlecht nach dem Substantiv, auf das es sich bezieht. Dies gilt für den attributiven Gebrauch — unmittelbar beim Substantiv: *un coche amarillo* — wie auch für den prädikativen Gebrauch — in Verbindung mit dem Verb: *es amarillo*, *están sucias*.

341 **Compró una blusa y una falda muy bonitas.**
Sie kaufte eine hübsche Bluse und einen hübschen Rock.

> Bezieht sich das Adjektiv auf mehrere Substantive, so steht es im Plural.

342 **Compró una falda y un jersey muy bonitos.**
Sie kaufte einen hübschen Rock und einen hübschen Pullover.

> Bezieht sich das Adjektiv auf zwei oder mehr Substantive, von denen eines maskulin ist, so steht die maskuline Pluralform. (Man vermeidet meist, daß das letzte Substantiv feminin ist).

343 **Compré nuevas corbatas y zapatos.**
Ich kaufte neue Krawatten und (neue) Schuhe.

> Das vorangestellte Adjektiv kann sich auf mehrere folgende Substantive beziehen, richtet sich in Zahl und Geschlecht jedoch meist nach dem ersten.

344 **Los zapatos y las corbatas que has comprado son muy bonitos.**
Die Schuhe und die Krawatten, die du gekauft hast, sind sehr hübsch.
El Ayuntamiento y la Catedral son grandiosos.
Das Rathaus und die Kathedrale sind großartig.

> Bezieht sich das prädikative Adjektiv auf mehrere Substantive, von denen eines maskulin ist, so steht es in jedem Fall in der maskulinen Pluralform.

345

las naciones hispanoamericanas	die hispanoamerikanischen Länder
las conversaciones hispano-francesas	die spanisch-französischen Gespräche
productos químico-farmacéuticos	chemisch-pharmazeutische Erzeugnisse

> In der Verbindung zweier Adjektive richtet sich nur das zweite in Geschlecht und Zahl nach dem Substantiv.

Die Verbindung wird zusammengeschrieben, wenn ein einheitlicher Begriff entsteht, mit Bindestrich, wenn beide Adjektive ihre eigene Bedeutung bewahren.

Für Verbindungen von Nationalitätenadjektiven gibt es einige besonder Formen, die als erstes Element der Verbindung gebraucht werden:

español	hispano-	inglés	anglo-
portugués	luso-	alemán	germano-
francés	franco-	austríaco	austro-

346 La película es muy divertida. **Es divertidísima.**
Der Film ist sehr lustig. Er ist wahnsinnig lustig.

> Ein sehr hoher Grad der Eigenschaft kann durch die Endung *-ísimo*, *-ísima* ausgedrückt werden. Man nennt diese Form Elativ.

Orthographische Veränderung bei Endung des Stamms auf *c* oder *g:*

largo	larguísimo	poco	poquísimo

Einige Elative weichen im Stamm etwas vom Adjektiv ab:

amable	amabilísimo	liebenswürdig
noble	nobilísimo	edel, vornehm
antiguo	antiquísimo	alt
fiel	fidelísimo	treu (auch bei Nachbildungen)

Als eigenständige Adjektive sind heute einige alte Elative zu sehen:

máximo	maximal, Höchst-	íntimo	intim
mínimo	minimal, Mindest-	pésimo	miserabel

Dem Lernenden sei empfohlen, nur Elative zu gebrauchen, die er original gehört oder gelesen hat. Andere Möglichkeiten, den hohen Grad einer Eigenschaft auszudrücken, bieten Adverbien:

muy simpático	sehr sympathisch	extraordinariamente amable	außerordentlich liebenswürdig
sumamente difícil	höchst schwierig		

Auch die Wiederholung dient in der Umgangssprache zur Verstärkung:

Estuve cansado, pero muy cansado.	Ich war müde, todmüde.
El agua estuvo fría, fría, fría.	Das Wasser war eisig kalt.

Die Stellung des attributiven Adjektivs

347 Necesito **un traje oscuro.** Ich brauche einen dunklen Anzug.
¿Te gusta **la corbata verde**? Gefällt dir die grüne Krawatte?
¿Qué te parecería **una mesa redonda**? Was würdest du von einem runden Tisch halten?
He comprado **un periódico alemán.** Ich habe eine deutsche Zeitung gekauft.

> Das Adjektiv steht im allgemeinen nach dem Substantiv. Dies gilt insbesondere für Unterscheidungsmerkmale wie Farbe, Form, Nationalität usw.

348 No tengo **mucho tiempo** hoy. Ich habe heute nicht viel Zeit.
Hay **pocas personas** que se quedan. Es sind nur wenige Leute, die bleiben.
¿Qué te parece comprar **otro coche**? Was hältst du davon, einen anderen Wagen zu kaufen?

> *mucho*, *poco* und *otro* werden immer vorgestellt.

349 Mi esposa quisiera tener **un coche pequeño**, pues no le gusta conducir **un coche grande.** Meine Frau möchte gern einen kleinen Wagen, denn sie fährt nicht gern einen großen.
Mi esposa quisiera tener **un pequeño coche,** para ser más independiente. Meine Frau möchte gern einen kleinen Wagen, um beweglicher zu sein.

> Eine Reihe von Adjektiven können entweder als betontes Unterscheidungsmerkmal nach dem Substantiv stehen oder, ohne starke Eigenbedeutung, vor dem Substantiv.

Es sind dies vor allem die Adjektive, die in 350 behandelt werden, sowie:

pequeño	klein	joven	jung
enorme	enorm	antiguo → 352	alt, ehemalig
extraordinario	außerordentlich		

Vgl. auch *cada* → 555, *todo* → 554, *cualquiera* → 556—558.

Beispiele mit Erläuterung:

El enorme progreso que hemos logrado no era de esperar.	(*enorme* könnte wegfallen, dem Gesprächspartner ist die Größe des Fortschritts bekannt).
Hemos logrado un progreso enorme.	(Der Gesprächspartner soll von der Größe des Fortschritts überzeugt werden).

Durch Adverb ergänzt, gewinnt das Adjektiv soviel Gewicht, daß es nachgestellt wird:

Tenemos en casa una joven española, amiga de mi hija. → 308	Wir haben zu Hause eine junge Spanierin, eine Freundin meiner Tochter.
Tenemos en casa una amiga de mi hija, una española muy joven.	Wir haben zu Hause eine Freundin meiner Tochter, eine ganz junge Spanierin.

350 Pedro **es un buen amigo** de Paco. Pedro ist ein guter Freund von Paco.
Inés **es una buena amiga** de Paco. Inés ist eine gute Freundin von Paco.
Pedro y Paco **son buenos amigos.** Pedro und Paco sind gute Freunde.
Inés y Conchita **son buenas amigas.** Inés und Conchita sind gute Freundinnen.

> *bueno* und eine Reihe weiterer Adjektive werden überwiegend vorangestellt. Sie werden vor dem Substantiv im Sg. maskulin verkürzt. Vgl. 349.

Folgende Übersicht enthält auch adjektivisch gebrauchte unbestimmte Pronomen und Zahlwörter:

bueno	gut	buen tiempo	una buena cosa
malo	schlecht	mal tiempo	una mala noticia
ninguno	keiner	ningún día	ninguna noche
alguno → 547—548	irgendeiner	algún día	alguna vez
primero	erster	el primer día	la primera semana
tercero → 449	dritter	el tercer piso	la tercera carta
santo	heilig	San Pedro	Santa Teresa

Ausnahme: *Santo Domingo* (Dominikus), *Santo Tomás*. Vgl. Zahlwort *uno* → 430

351 Mi amigo es **un gran conocedor** de Baleares. Mein Freund ist ein großer Kenner der Balearen.
Mi novia es **una gran cocinera.** Meine Freundin ist eine große Köchin.
Mire Vd. en **cualquier periódico.** Schauen Sie in irgendeine Zeitung.
Mire Vd. en **cualquier revista.** Schauen Sie in irgendeine Zeitschrift.

> *grande* und *cualquiera* → 556 werden vor dem Substantiv im Sg. — maskulin und feminin — verkürzt.

352 **El Buick es un coche muy grande.** Der Buick ist ein sehr großes Auto.
El nuevo Seat es un gran coche. Der neue Seat ist ein tolles Auto.

> Bei einer Reihe von Adjektiven kann sich durch Voranstellung die Bedeutung ändern.

Bei der Voranstellung spielen oft subjektive Gefühle eine Rolle. Beispiele:

Es un hombre muy pobre.	Er ist ein sehr armer Mann.
Es un pobre chico.	Er ist ein armer Kerl.
Hay un nuevo libro sobre Guevara.	Es gibt ein neues Buch über Guevara.
¿Tienes algún libro nuevo?	Hast du irgendein neues (neu gekauftes) Buch?

Lo que me ofrecieron por cuadro del siglo XVIII era una simple copia.	Was mir da als Bild aus dem 18. Jh. angeboten wurde, war nichts weiter als eine Kopie.
Creí que era un trabajo muy simple, pero ahora resulta muy interesante.	Ich glaubte, es sei eine sehr einfache (und geistlose) Arbeit, aber jetzt ist es doch interessant.
La situación presente/presente situación es difícil de explicar.	Die gegenwärtige Lage ist schwer zu erklären.
La presente traducción concuerda fielmente con su original.	Vorstehende Übersetzung stimmt genau mit dem Original überein.
En España vimos algunos castillos muy antiguos.	In Spanien sahen wir ein paar ganz alte Burgen.
Visitamos a mi antiguo jefe.	Wir besuchten meinen alten (ehemaligen) Chef.
En esta fiesta se reúne la alta sociedad.	Bei diesem Fest trifft sich die High Snobiety.
¿Cómo se llama esa montaña alta?	Wie heißt der hohe Berg dort?
Me gustaría tener una casa propia.	Ich hätte gern ein Haus für mich.
Nos invitó a pasar el fin de semana en su propia casa.	Er lud uns über das Wochenende in sein eigenes Haus ein.

Vergleich · Steigerung des Adjektivs

353

Positiv	Gleichheit	Komparativ	Superlativ
caro	**tan caro (como)**	**más caro (que)**	**el más caro**
		menos caro	**el menos caro**

Erläuterung der regelmäßigen Formen in Vergleich und Steigerung → 355, → 357—358, → 362—365.

354

Positiv	Gleichheit	Komparativ	Superlativ
mucho	**tanto**	**más**	—
poco	**tan poco**	**menos**	—
bueno	**tan bueno**	**mejor**	**el mejor**
malo	**tan malo**	**peor**	**el peor**
grande	**tan grande**	**mayor**	**el mayor**
		más grande	**el más grande**
pequeño	**tan pequeño**	**menor**	**el menor**
		más pequeño	**el más pequeño**

Erläuterung der unregelmäßigen Formen in Vergleich und Steigerung → 356, → 359—367.

355 No recuerdo haber visto jamás **una película tan buena como ésta.**
Ich kann mich nicht daran erinnern, je einen so guten Film gesehen zu haben wie diesen.
¿Es tan buena como la que vimos la semana pasada?
Ist er so gut wie der, den wir letzte Woche gesehen haben?

tan + Adjektiv + como bezeichnet gleichen Grad der Eigenschaft bei verschiedenen Gegenständen oder Personen. (Die Grundform des Adjektivs nennt man Positiv.)

356 No he tenido nunca **tanto trabajo como ahora.**
Ich habe noch nie soviel Arbeit gehabt wie jetzt.
La carne no es **tan poca como parece a primera vista.**
Das Fleisch ist nicht so wenig, wie es auf den ersten Blick aussieht.

tanto como bzw. *tan poco como* bezeichnet Gleichheit der Menge.

Die Mengenadjektive entsprechen in manchen Fällen den dt. Adjektiven *groß* und *lang* (Zeitdauer). Einige Beispiele:

Tengo mucha sed.	Ich habe großen Durst.
Tengo tanta sed que no puedo esperar más.	Ich habe so großen Durst, daß ich nicht länger warten kann.
Hemos esperado tanto (tiempo) que tengo muchas ganas de marcharme.	Wir haben so lange gewartet, daß ich große Lust habe zu gehen.
Tengo pocas ganas de esperar más.	Ich habe keine große Lust, länger zu warten.
Tengo tantas ganas de ir al cine ...	Ich habe solche Lust, ins Kino zu gehen ...
Tengo mucho miedo al dentista.	Ich habe große Angst vor dem Zahnarzt.
Este hecho tiene mucha importancia.	Diese Tatsache hat große Bedeutung.

357 **Necesito un diccionario más completo que éste.**
Ich brauche ein vollständigeres Lexikon als das hier.
Por otra parte, **un diccionario más amplio es menos manejable.**
Andererseits ist ein umfangreicheres Lexikon weniger handlich.

más + Adjektiv + que oder *menos + Adjektiv + que* bezeichnet höheren bzw. geringeren Grad der Eigenschaft. Nur wenige Adjektive bilden eine eigene Komparativform → 354.

358 **Tengo el diccionario más completo que hay.**
Ich habe das vollständigste Lexikon, das es gibt.
El diccionario que tengo es el más completo que hay.
Das Lexikon, das ich habe, ist das vollständigste, das es gibt.
Mi diccionario más completo es éste. Mein vollständigstes Lexikon ist dieses.

> Das Sp. hat keine eigene Form für den Superlativ. Die Komparativform wird normalerweise als Superlativ aufgefaßt, wenn sie bei einem Substantiv mit bestimmtem Artikel oder Possessivpronomen steht oder prädikativ mit bestimmtem Artikel gebraucht wird. Komparativ → 357.

359 Tenía mucho sueldo y poco trabajo. **Pero ahora tengo más sueldo y menos trabajo que antes.**
Ich hatte viel Gehalt und wenig Arbeit. Aber jetzt habe ich mehr Gehalt und weniger Arbeit als früher.
Trabajo con más tranquilidad y tengo que hacer menos viajes que antes.
Ich arbeite mit mehr Ruhe und muß weniger Reisen machen als früher.

> Der Komparativ von *mucho* ist *más*, der Komparativ von *poco* ist *menos*. Diese Komparative sind einendig und haben keine eigene Pluralform.
> Superlativ → 367

360 Tenía un buen empleo. **Pero el que tengo ahora es mejor.**
Ich hatte eine gute Stellung, aber die, die ich jetzt habe, ist besser.
El sueldo no era malo, pero ahora no es peor que antes, al contrario.
Das Gehalt war nicht schlecht, aber jetzt ist es nicht schlechter als vorher, im Gegenteil.
Yo diría que todas las condiciones son mejores que antes.
Ich würde sagen, daß alle Bedingungen besser sind als vorher.

> Der Komparativ von *bueno* ist *mejor*, der Komparativ von *malo* ist *peor*. Diese Komparative sind einendig. Der Plural wird regelmäßig gebildet.

361 **El empleo que tengo ahora es el mejor de todos los que he tenido hasta ahora.**
Die Stellung, die ich jetzt habe, ist die beste von allen bisherigen.
Hace cinco años tuve las peores condiciones de trabajo de toda mi vida.
Vor fünf Jahren hatte ich die schlechtesten Arbeitsbedingungen meines Lebens.

> Der Superlativ von *bueno* ist *el mejor*, der Superlativ von *malo* ist *el peor*.

362 La agricultura tiene gran importancia en este país. **Pero la industria ya tiene mayor importancia que antes.**
Die Landwirtschaft hat große Bedeutung in diesem Land. Aber die Industrie hat schon größere Bedeutung als früher.
Barcelona es una ciudad muy grande. **Pero Madrid es más grande que Barcelona.**
Barcelona ist eine sehr große Stadt. Aber Madrid ist größer als Barcelona.

> *grande* hat zwei Komparative: *mayor* — einendig — wird häufiger gebraucht, vor allem in Verbindung mit abstrakten Begriffen, *más grande* steht fast nur für konkret meßbare Größen.

363 **La industria es de la mayor importancia para nuestro país.**
Die Industrie ist von größter Bedeutung für unser Land.
Madrid es la ciudad más grande de España.
Madrid ist die größte Stadt Spaniens.
Cervantes es uno de los genios más grandes de la literatura universal.
Cervantes ist einer der größten Geister der Weltliteratur.

> *grande* hat entsprechend den beiden Komparativen → 362 auch zwei Superlative: *el mayor*, *el más grande*. Der Superlativ *el más grande* steht auch für menschliche und künstlerische Größe.

Einige Beispiele, auch für besondere Bedeutungen von *mayor:*

La mayor parte de los apartamentos ya están alquilados. → 274	Die meisten Appartements sind schon vermietet.
El hijo mayor de mi hermano no es el más alto.	Der älteste Sohn meines Bruders ist nicht der größte.
Ya es mayor de edad.	Er ist schon volljährig.
Estaban allí algunos señores ya bastante mayores.	Da waren einige ältere Herrschaften.

364 La solución de los problemas sociales es nuestra tarea principal. **Pero hay otros problemas que no son de menor importancia.**
Die Lösung der sozialen Probleme ist unsere Hauptaufgabe. Aber es gibt andere Probleme, die nicht von geringerer Bedeutung sind.
Mi habitación es más pequeña que la tuya. Mein Zimmer ist kleiner als deines.

> *pequeño* hat zwei Komparative: *menor* — einendig — wird häufiger gebraucht, vor allem in Verbindung mit abstrakten Begriffen, *más pequeño* steht fast nur für konkret meßbare Größen.

Einige Beispiele, auch für besondere Bedeutungen von *menor:*

Formentera es una de las islas menores de las Baleares.	Formentera ist eine der kleineren Inseln der Balearen (meßbar!).
Mi hermano tiene dos hijas. La menor tiene diez años.	Mein Bruder hat zwei Töchter. Die jüngere ist zehn Jahre alt.
Enriqueta es menor de edad.	Enriqueta ist minderjährig.
Mi cuñada trabaja de secretaria en el Tribunal de Menores.	Meine Schwägerin arbeitet als Sekretärin am Jugendgericht.
No apta para menores.	Nicht jugendfrei.

365 **Lo que dice este señor, no tiene la menor importancia.**
Was der Herr da sagt, hat nicht die geringste Bedeutung.
Había tres pensiones muy bonitas. **Nos decidimos por la más pequeña.**
Es gab drei sehr hübsche Pensionen. Wir entschieden uns für die kleinste.

> *pequeño* hat entsprechend den beiden Komparativen → 364 auch zwei Superlative: *el menor*, *el más pequeño*.

Sonderbedeutung von *el menor:*

Mi hermano tiene tres hijas. La menor tiene diez años.	Mein Bruder hat drei Töchter. Die jüngste ist zehn.

366 **Lo mejor de esa película fue el comienzo.** → 282

367 Pepe tiene mucho trabajo. **Pero el que más trabajo tiene soy yo.**
Pepe hat viel Arbeit. Aber die meiste Arbeit habe ich.
María tiene poca paciencia. **Pero la que menos paciencia tiene es Luisa.**
Maria hat wenig Geduld. Aber die wenigste Geduld hat Luisa.

> *más* und *menos* stehen ohne Artikel, daher ist eine Superlativbildung mit Artikel → 358 nicht möglich. Die Wirkung eines Superlativs wird durch eine Umschreibung mit Relativsatz erzielt, in dem das Objekt meist zur besonderen Betonung vor das Verb gestellt wird.

368 **Busco una habitación lo más barata posible.**
Ich suche ein möglichst billiges Zimmer.
Buscamos dos viviendas lo más céntricas posibles.
Wir suchen zwei möglichst zentralgelegene Wohnungen.

> *lo + Superlativ + posible* bezeichnet einen erwünschten möglichst hohen Grad der Eigenschaft.

Obwohl *posible* hier an sich Adverb ist, gleicht es sich dem Plural des Superlativs meist an.

369 **Alfredo tiene más dinero del que necesita.**
Alfredo hat mehr Geld, als er braucht.
Tiene más paciencia de la que se esperaba.
Er hat mehr Geduld, als man erwartete.
Tiene más libros de los que puede leer en un año.
Er hat mehr Bücher, als er in einem Jahr lesen kann.
Tiene más ideas de las que te puedes imaginar.
Er hat mehr Ideen, als du dir vorstellen kannst.

> Wird der Vergleich nach einem attributiven Komparativ — normalerweise *más + Substantiv* — durch ein Verb zu Ende geführt, so steht nicht *que*, sondern *del que (de la que, de los que, de las que)*.

370 **La película fue mucho más divertida de lo que había esperado.**
Der Film war viel lustiger, als ich erwartet hatte.

> Wird der Vergleich nach einem prädikativen Komparativ durch ein Verb zu Ende geführt, so steht nicht *que*, sondern *de lo que*. Vgl. 376.

Die gleiche Konstruktion wird gebraucht, wenn der Komparativ zwar attributiv gedacht ist → 369, das Substantiv jedoch fehlt:

No tendrá mucho dinero.	Er wird nicht viel Geld haben.
Tiene más de lo que te parece, pero gasta menos de lo que podría gastar.	Er hat mehr (Geld), als du meinst, gibt aber weniger aus, als er könnte.

371 ¿Te ha dado mucho dinero? Hat er dir viel Geld gegeben?
Más de lo corriente (= más de lo que es corriente). Mehr als üblich.

> Ist das Prädikat, durch welches der Vergleich zu Ende geführt wird (vgl. 370), *ser + Adjektiv*, so wird die Konstruktion meist verkürzt.

Weitere übliche Kürzungen:

más de lo necesario	mehr als nötig	más de lo usual	mehr als üblich
		más de lo normal	mehr als normal

372 Acabo de contar mis discos. **Son más de cincuenta.**
Ich habe gerade meine Schallplatten gezählt. Es sind über fünfzig.
Hace tres meses eran menos de cuarenta.
Vor drei Monaten waren es weniger als vierzig.

> Vor Zahlen steht *más de* bzw. *menos de.*

373 Mi amigo no tiene muchos discos. **No tiene más que quince, me parece.**
Mein Freund hat nicht viele Platten. Er hat nur fünfzehn, glaube ich.

> *no más que* oder *nada más que* vor Zahlen steht im etwas geringschätzigen Sinne von *nur.*

Die Negation allein bewirkt nicht die Abweichung von 372:

Todos dicen que la Biblioteca Municipal tiene 100000 tomos, pero el director me ha dicho que no son más de 80000.	Alle sagen, die Stadtbibliothek habe 100000 Bände, aber der Direktor hat mir gesagt, daß es nicht über 80000 sind.

374 **Los alquileres son cada vez más caros, pero también hay que decir que los pisos tienen cada vez más confort.**
Die Mieten werden immer teurer, aber man muß auch sagen, daß die Wohnungen immer mehr Komfort haben.
En nuestra profesión, hay cada vez menos puestos vacantes.
In unserem Beruf gibt es immer weniger freie Stellen.

> *cada vez + Komparativ* drückt einen steigenden oder sinkenden Grad der Eigenschaft bzw. zunehmende oder abnehmende Menge aus.

375 **Cuanto más trabajo tengo, (tanto) más contento estoy.**
Je mehr Arbeit ich habe, desto zufriedener bin ich, desto mehr freue ich mich.

> In dieser Konstruktion, die die Abhängigkeit eines Eigenschaftsgrades oder einer Menge bezeichnet, wird *tanto* meist ausgelassen.

Ähnliche Beispiele:

A más trabajo, más sueldo.	Für mehr Arbeit (verlange ich/biete ich) mehr Gehalt.
Cuanto más trabajo, mejor.	Je mehr Arbeit, desto besser!

376 Me cobraron una suma **inferior a la que había esperado.**
Sie berechneten mir eine geringere Summe, als ich erwartet hatte.
Yo había pensado que sería **una suma superior a 15000 pesetas.**
Ich hatte gedacht, es würde ein Betrag von mehr als 15000 Peseten sein.

Nach *inferior* und *superior* steht *a.*

377 ¿Por qué no te compras **el mismo televisor que nosotros**?
Warum kaufst du dir nicht denselben Fernseher wie wir?
Puedes comprarlo a plazos, **igual que nosotros.**
Du kannst ihn auf Raten kaufen, genauso wie wir.

Nach *mismo* und *igual* steht *que.*

Das Adverb

Das Adverb ist eine unveränderliche Form, die in erster Linie zu Angaben darüber dient, wie (auf welche Weise, in welcher Intensität), wo und wann etwas geschieht und in welchem Grade eine Eigenschaft gegeben ist.
Es gibt ursprüngliche Adverbien *(hoy, aquí)*, vom Adjektiv abgeleitete Adverbien *(intensamente, inesperadamente)* sowie adverbielle Angaben, die aus verschiedenen Elementen zusammengesetzt sein können *(a tiempo, por allí, sobre todo)*.

Ursprüngliche Adverbien und adverbielle Angaben

378

abajo	unten; abwärts
acá	hierher
acaso → 118	vielleicht
adelante	vorwärts
de aquí en adelante	von jetzt an
ahí	dort
por ahí	irgendwo dort
ahora	jetzt
hasta ahora	bis jetzt
algo	etwas, ein wenig
allá	dorthin; dort
más allá	weiter drüben
allí	dort
por allí	dort irgendwo
anoche	gestern abend
anteayer	vorgestern
de antemano	von vornherein
antes	vorher; früher einmal
apenas	kaum
aquí	hier
por aquí	hier in der Gegend
arriba	oben; aufwärts
así + Verb	so
atrás	zurück, rückwärts
aún	noch
aun	sogar
ayer	gestern
bastante	genug; ziemlich
bien	gut
casi	beinahe
cerca	nahe
de cuando en cuando	ab und zu
delante	vorn
demasiado → 390	zu; zu sehr
dentro	innen, drinnen
despacio	langsam
después	nachher, später
detrás	hinten, dahinter
encima	obendrauf
enfrente	gegenüber
entonces → 386, → 387	dann; damals; da
desde entonces	seit damals
fuera	außen, draußen
hasta	sogar
hoy	heute

hoy mismo	heute noch	hace poco	kürzlich
igual + Verb	ebenso	poco a poco	allmählich
lejos	weit	un poco	ein wenig
luego	dann	por poco	beinahe
desde luego	selbstverständlich	primero	zuerst
hasta luego	bis gleich, auf	pronto	bald
	Wiedersehen	de pronto	plötzlich
mal vgl. 96	schlecht	quizá, quizás	vielleicht
mañana	morgen	→ 118	
pasado mañana	übermorgen	recién → 389	kürzlich
más	mehr;	de repente	plötzlich
→ 405	am meisten	en seguida	sofort
más bien	eher	sí → 391	schon; ja
más o menos	ungefähr	siempre	immer
cuando más	höchstens	siquiera	wenigstens
medio	halb	ni siquiera	nicht einmal
mejor	besser	sólo	nur; erst
menos	weniger	tan + Adj.	so
al menos	wenigstens	tanto + Verb	so sehr
por lo menos	wenigstens	entretanto	inzwischen, einst-
cuando menos	mindestens		weilen
a menudo	oft	un tanto	ein wenig
mismo → 392		tarde → 390	spät, zu spät
mucho → 380,	sehr	temprano	früh
→ 382	viel + Komparativ	todavía	noch
muy → 380	sehr	ya	schon
poco → 384	wenig	ya no	nicht mehr

Der aus Raumgründen kurz gehaltene Hinweis + Adj. besagt, daß das betreffende Adverb vor Adjektiven, Adverbien und adjektivisch verwendeten Partizipien steht, nicht jedoch in Verbindung mit einem Verb.

379 Hemos llegado **a tiempo.** Wir sind rechtzeitig angekommen.
De todos modos hay que decírselo. Jedenfalls muß man es ihm sagen.
Hay que decírselo **de todos modos.** Man muß es ihm unbedingt sagen.
Aquí se trabaja **a gusto.** Hier arbeitet man gern, hier macht die Arbeit Spaß.
Conoce España, **sobre todo** el Sur. Er kennt Spanien, vor allem den Süden.
No me gusta hacer las cosas **a medias.** Ich mache nicht gern etwas halb.

> Adverbielle Angaben können aus verschiedenen Bestandteilen zusammengesetzt sein. Häufig werden zu ihrer Bildung Präpositionen verwendet.

Wichtige adverbielle Angaben:

a gusto	gern	por completo	vollständig
a medias	halb	por cierto	übrigens
a menudo	oft	por regla general	im allgemeinen
a tiempo	rechtzeitig	sobre todo	vor allem
a veces	manchmal	alguna vez	irgendwann; manchmal
al lado	nebenan		
de nuevo	wieder, noch einmal	muchas veces	oft
		pocas veces	selten
de todos modos	jedenfalls unbedingt	rara vez	selten
		una vez	einmal
de veras	wirklich	varias veces	mehrfach
de vez en cuando	ab und zu	repetidas veces	wiederholt
en general	im allgemeinen	tal vez → 118	vielleicht
en serio	ernst, im Ernst		
en total	insgesamt		

380 **La quiero mucho.** Ich liebe sie sehr/ich habe sie sehr gern.
Me ha ayudado mucho. Sie hat mir sehr geholfen.
Es muy guapa. Sie ist sehr hübsch.
Habla muy bien el francés. Sie spricht sehr gut Französisch.

> *mucho* steht als Adverb beim Verb.
> *muy* steht vor dem Adjektiv oder einem weiteren Adverb. Vgl. 383

381 ¿Hay que salir temprano? — **Sí, mucho (= muy temprano).**
Muß man früh aufbrechen? — Ja, sehr früh.
¿Es guapa su novia? — **Sí, mucho (= muy guapa).**
Ist seine Freundin hübsch? — Ja, sehr.

> *mucho* steht anstelle eines mit *muy* betonten Adjektivs oder Adverbs, das in einer Antwort nicht wiederholt wird.

382 **En España, los libros son mucho más baratos.**
In Spanien sind Bücher viel billiger.
Ahora, los obreros ganan mucho más que antes.
Die Arbeiter verdienen jetzt viel mehr als früher.

> *mucho* steht in der Bedeutung „viel“ vor Komparativen des Adjektivs oder Adverbs.

383 **La quiero tanto** como si fuera mi hermana.
Ich liebe sie so sehr, als ob sie meine Schwester wäre.
Me ha ayudado tanto que no sé cómo agradecérselo.
Sie hat mir so sehr geholfen, daß ich nicht weiß, wie ich es ihr danken soll.
Es tan guapa como mi hermana.
Sie ist so hübsch wie meine Schwester.
Habla el francés por lo menos **tan bien** como tú.
Sie spricht mindestens so gut Französisch wie du.

> *tanto* steht als Adverb beim Verb.
> *tan* steht vor dem Adjektiv oder einem weiteren Adverb. Vgl. 380.

384 El señor que nos atendió **era poco amable.**
Der Herr, der uns bediente, war unfreundlich/wenig freundlich.

> *poco* gibt dem folgenden Adjektiv oder Adverb oft die negativ gegenteilige Bedeutung.

Dies ist insofern wichtig, als das Sp. nicht so häufig wie das Dt. negative Vorsilben verwendet und keine negative Nachsilbe kennt:

Lo hizo de modo poco deliberado.	Er tat es unüberlegt.
Jaime es poco considerado.	Jaime ist ziemlich rücksichtslos.

385 **Mi padre está bastante bien/malo.**
Meinem Vater geht es recht gut/ziemlich schlecht.

> *estar bien* bezeichnet gutes körperliches Befinden. Zur Angabe des Gegenteils wird meist das Adjektiv verwendet: *estar malo.*

386 **Primero** fuimos de compras, **luego** tomamos un aperitivo, **después** fuimos a comer, y **al final,** después de la comida, nos invitó a tomar café.
Zuerst gingen wir einkaufen, dann tranken wir einen Aperitif, dann gingen wir essen, und nach dem Essen schließlich lud er uns zum Kaffee ein.

> Die Reihenfolge der Adverbien, mit denen aufeinanderfolgende Handlungen aufgezählt werden, ist im allgemeinen *primero*, *luego*, *después*, *entonces*, *al final.*

387 El lunes rechacé el puesto que me ofrecieron. Luego me arrepentí y **volví a llamar el día siguiente, pero entonces ya era demasiado tarde.**
Am Montag lehnte ich die Stellung ab, die sie mir anboten. Dann bereute ich es und rief am nächsten Tag noch einmal an, aber da war es schon zu spät.

entonces bezieht sich auf einen bereits genannten Zeitpunkt oder Zeitraum in der Vergangenheit.

388 ¿No le parece muy largo el viaje? — Finden Sie die Reise nicht sehr lang?
Lo hacemos en dos días. — Wir machen sie in zwei Tagen.
Ah, entonces es otra cosa. — Ach, dann ist es etwas anderes.

entonces bezeichnet eine gedankliche Folgerung: wenn das so ist, dann ...

389 Esta tarde tenemos la visita de **un amigo recién llegado a Madrid.**
Heute abend haben wir Besuch: ein erst kürzlich nach Madrid gekommener Freund.

recientemente wird vor Partizipien verkürzt zu *recién* — gerade erst.

In Hispanoamerika wird *recién* statt des temporalen *sólo* verwendet:
Llegamos recién la semana pasada. Wir sind erst letzte Woche angekommen.

390 Estos muebles me parecen **demasiado caros.**
Diese Möbel finde ich zu teuer.
Yo quería ir a Finlandia, pero mi esposa **dijo que el viaje era muy largo.**
Ich wollte nach Finnland, aber meine Frau meinte, die Reise sei zu lang.
Ya es tarde para hacer una visita, ¿no le parece?
Es ist schon zu spät für einen Besuch, meinen Sie nicht?
Me voy a marchar ahora, pues **no quiero llegar tarde.**
Ich will jetzt gehen, denn ich will nicht zu spät kommen.

demasiado wird viel weniger gebraucht als das dt. „zu". Gelegentlich tritt *muy* an seine Stelle; vor *tarde* fällt es meist aus.

391 ¿Te parece que viene? — **Me parece que sí. Creo que sí. Dijo que sí.**
Meinst du, er kommt? — Ich denke, ja. Ich glaube schon. Er sagte ja.

Nach Verben des Sagens oder Glaubens steht *que sí* im Sinne von ja, schon. (Entsprechend auch *que no:* nein, nicht.)

Vor dem Verb kann *sí* oder *sí que* zur verstärkten Bekräftigung stehen:

Algunos delegados sí que saben de lo que se trata, pero los demás . . .	Einige Delegierte wissen ja schon, worum es geht, aber die anderen . . .

392 Mi novia ha venido **hoy mismo.** Meine Freundin ist heute erst angekommen.
Iremos **hoy mismo.** Wir werden heute noch fahren.
Podemos tomar el café **aquí mismo.** Wir können den Kaffee gleich hier trinken.

mismo dient in Verbindung mit Zeit- und Ortsadverbien zur Betonung oder Präzisierung.

Auch das Adjektiv *mismo* wird in gleicher Bedeutung verwendet:

¿ Dónde hay una farmacia?	Wo ist eine Apotheke?
En esta misma calle.	Gleich hier in dieser Straße.

393 Mi amigo vive **en la casa de enfrente.** Mein Freund wohnt im Haus gegenüber.
Trabaja **en la farmacia de al lado.** Er arbeitet in der Apotheke nebenan.
Nosotros tenemos **el piso de arriba.** Wir haben das obere Stockwerk.
Es difícil comprender **la situación de entonces.** Es ist schwierig, die damalige Situation zu begreifen.
¿ Estás enfadado **por lo de ayer**? Bist du böse wegen der gestrigen Sache?
La situación es así, ¿ qué le vamos a hacer? Die Lage ist so, was können wir schon daran ändern?
La casi totalidad de los delegados emitieron su voto. Fast alle Abgeordneten gaben ihre Stimme ab.

Eine Reihe von Adverbien kann, vor allem in Verbindung mit *de*, adjektivisch verwendet werden.

394 **Pepe habla muy bien.** Pepe spricht sehr gut.
Es bastante inteligente. Er ist ziemlich intelligent.
Ayer llegó bastante tarde. Gestern kam er ziemlich spät.

Mit wenigen Ausnahmen steht das Adverb nach dem Verb, vor dem Adjektiv und vor dem Adverb.

Abgeleitete Adverbien

395 Ha sido un trabajo **intenso.** Hemos trabajado **intensamente.**
Es war intensive Arbeit. Wir haben intensiv gearbeitet.
Inés llevaba una blusa **elegante.** Iba vestida muy **elegantemente.**
Inés trug eine elegante Bluse. Sie war sehr elegant gekleidet.

> Zur Bildung eines Adverbs aus einem Adjektiv wird *-mente* an die feminine Form angehängt.

Die allzu häufige Verwendung dieser Formen wird vermieden. Als Ausweichmöglichkeit bieten sich oft Ausdrücke mit Präposition an:

elegantemente	con elegancia	convincentemente	de manera convincente
frecuentemente	con frecuencia		
generalmente	en general → 418	nuevamente	de nuevo

396 Hay que considerar la situación tanto **económica** como **políticamente.**
Man muß die Situation sowohl wirtschaftlich als auch politisch betrachten.

> Von aufeinanderfolgenden abgeleiteten Adverbien hat nur das letzte die Endung *-mente.*

397 Eres **lo suficientemente listo** para comprender lo que digo. → 284
Du bist klug genug, um zu verstehen, was ich sage.

398 **Hemos corrido mucho.** Wir sind sehr gelaufen.
No corras tanto. Lauf nicht so schnell.
Me gusta poco. Das gefällt mir nicht sehr.
Te preocupas demasiado. Du sorgst dich zu sehr.

> Einige Adjektive werden in der maskulinen Form auch als Adverb verwendet → 378. Sie bilden kein Adverb auf *-mente.*

Weitere Beispiele:

No hables tan bajo.	Sprich nicht so leise.
Allí se vive barato/caro.	Man lebt dort billig/teuer.
Todo eso lo he comprado muy barato.	Ich habe das alles sehr billig gekauft.

399 Hoy quisiera **desayunar fuerte** (= en abundancia).
Heute möchte ich kräftig und ausgiebig frühstücken.
Esta semana **hemos trabajado fuerte** (= con intensidad).
Diese Woche haben wir fest gearbeitet.
Para pegar las piezas, **hay que apretarlas fuertemente** (= con fuerza).
Um die Teile zu kleben, muß man sie stark andrücken.

> Einige Adjektive — vor allem *fuerte*, *alto* — werden beim Verb in der maskulinen Form auch als Adverb verwendet. Zwischen diesem Adverb und der abgeleiteten Form auf *-mente* bestehen Bedeutungsunterschiede.

Weitere Beispiele:

Para sacar la foto tienes que estar un poco más alto.	Um das Foto zu machen, mußt du etwas höher stehen.
No hables tan alto. → 398	Sprich nicht so laut.
Se trataron algunos problemas altamente teóricos.	Es wurden einige höchst theoretische Fragen behandelt.

400 Después de la fiesta **nos fuimos a casa muy alegres.**
Nach dem Fest gingen wir sehr fröhlich nach Hause.
Hay que ver claras las cosas.
Man muß die Dinge klar sehen.
La cosa parece que **ahora va muy rápida.**
Die Sache geht jetzt anscheinend sehr schnell.

> In manchen Fällen sieht das Sp. mehr den Zustand oder die Eigenschaft einer Person oder Sache als die Art, in der die Handlung geschieht. In diesen Fällen steht Adjektiv statt Adverb.

Vergleich · Steigerung

401

Adverb	Gleichheit	Komparativ	Superlativ
despacio	**tan despacio (como)**	**más despacio (que)**	→ **405**
a gusto → 379	**tan a gusto**	**más a gusto**	
bien	**tan bien**	**mejor**	
mal	**tan mal**	**peor**	
mucho	**tanto**	**más**	
muy	**tan**	**más**	
poco	**tan poco**	**menos**	

Da für den Vergleich und die Steigerung von Adverbien in den meisten Fällen die gleichen Regeln und Konstruktionen gelten wie für Vergleich und Steigerung des Adjektivs → 353—377, genügt im folgenden meist das Beispiel mit einem Hinweis auf die vergleichbare Konstruktion mit Adjektiv.

402 **Paco trabaja despacio.**
Paco arbeitet langsam.
No trabajes tan despacio, Paco. → 355
Arbeite nicht so langsam, Paco.
Trabaja siempre tan despacio como hoy. → 355
Er arbeitet immer so langsam wie heute.
A veces incluso trabaja más despacio que hoy. → 357
Manchmal arbeitet er sogar langsamer als heute.

403 **He tenido que correr mucho.** → 380
Ich habe schnell laufen müssen.
No he corrido nunca tanto como esta vez. → 356
Ich bin nie so schnell wie diesmal gelaufen.
He corrido más que nunca. → 359. → 629
Ich bin schneller als je gelaufen.

404 **Pepe trabaja muy bien.**
Pepe arbeitet sehr gut.
Trabaja mejor que otros. → 360
Er arbeitet besser als andere.

405 **El que mejor trabaja** es el joven Aguirre, ¿ no le parece?
Am besten arbeitet der junge Aguirre, finden Sie nicht?
La que más trabaja es mi hermana.
Am meisten arbeitet meine Schwester.
Donde mejor se come es allí enfrente.
Am besten ißt man dort gegenüber.
Cuando más los necesitaba no pudieron ayudarme.
Als ich sie am meisten brauchte, konnten sie mir nicht helfen.
Cuando menos lo esperaba todos quisieron ayudarme.
Als ich es am wenigsten erwartete, wollten mir alle helfen.

> In der Umschreibung durch Relativsatz, in dem der Komparativ des Adverbs meist vor dem Verb steht, wirkt der Komparativ als Superlativ. Vgl. 367.

406 **Lo haremos lo más rápidamente posible.** → 368
Wir werden es so schnell wie möglich machen.
Limpiaremos las alfombras lo mejor posible.
Wir werden die Teppiche so gut wie möglich reinigen.

Merken Sie auch:

Te llamaré cuanto antes.	Ich rufe dich so bald wie möglich an.

407 **Enrique trabaja más/menos de lo que parece.**
Enrique arbeitet mehr/weniger, als es den Anschein hat.
Llegamos más pronto de lo que habíamos pensado.
Wir kamen früher an, als wir erwartet hatten.

> Wird der Vergleich nach einem Komparativ des Adverbs durch ein Verb zu Ende geführt, so steht nicht *que*, sondern *de lo que*. Vgl. 370.

408 **Ahora, el sol sale cada día un poco más temprano y se pone cada vez más tarde.** → 374
Die Sonne geht jetzt jeden Tag ein bißchen früher auf und immer später unter.

409 **¿ Cuándo quieres que vaya ?**
Wann soll ich gehen?
Cuanto antes, mejor. → 375
Je früher, desto besser.

Verbalkonstruktion statt Adverb

410 **Está escribiendo.** Er schreibt gerade.
Estaba escribiendo cuando entré. Er schrieb gerade, als ich eintrat.

411 **Acaba de salir.** Er ist gerade weggegangen.
Acababa de salir cuando llegamos. Er war gerade weggegangen, als wir kamen.

412 **Vuelve a escribir.** Er schreibt wieder. Er schreibt noch einmal.
Volvió a escribir. Er schrieb noch einmal.

413 **Sigue escribiendo. Continúa escribiendo.**
Er schreibt weiter. Er schreibt nach wie vor. Er schreibt immer noch.

414 **Acabó por escribir la carta. Acabó escribiendo la carta.**
Schließlich schrieb er den Brief (doch noch).

415 **No tardaremos en contestar.** Wir werden bald antworten.
No tardaron en contestar. Sie antworteten bald.

416 **Ha dejado de escribir.** (Ya no escribe. No escribe más.)
Er schreibt nicht mehr.

417 **Gracias a Dios voy mejorando.**
Gott sei Dank geht es mir allmählich besser.

418 **Suele visitarnos los martes. Acostumbra visitarnos los martes.**
Meistens/normalerweise besucht er uns dienstags.

419 **Le gusta ir al cine.** Er geht gern ins Kino.
Le gusta el vino. Er trinkt gern Wein. Er mag gern Wein.

420 **Prefiere el vino tinto.** Er trinkt lieber/am liebsten Rotwein.
Me gusta más el Jerez. Mir ist Sherry lieber.
Lo que más me gusta es el Jerez. Am liebsten trinke ich Sherry.

421 **Se empeña en invitarnos.** Er will uns unbedingt einladen.

422 **Sus argumentos no acaban de convencerme.**
Seine Argumente überzeugen mich nicht ganz.
No acabo de entenderlo. Ich verstehe das nicht ganz.

423 **Sus propuestas no dejan de ser interesantes.** Seine Vorschläge sind gar nicht uninteressant. Sie sind immerhin ganz interessant.
Inés no es muy guapa, pero no deja de tener cierta gracia.
Inés ist nicht sehr hübsch, aber sie ist eigentlich doch recht reizvoll.

424 **Siento mucho que no me hayan contestado.** → 128
Sie haben mir leider nicht geantwortet.
Siento mucho que no haya vuelto a verla.
Ich habe sie leider nicht wiedergesehen.

425 **Supongo que está de viaje.**
Er ist vermutlich verreist.
Es de suponer que su secretaria sabe dónde está.
Seine Sekretärin weiß vermutlich, wo er ist.

426 **Parece que ha salido.** Er ist anscheinend weggegangen.
Parecía estar muy tranquilo. Er war anscheinend sehr ruhig.

427 **Aparentaba estar tranquilo.**
Er tat, als wäre er ruhig. Er war scheinbar ruhig.
Me parece que sólo fingió haber dormido.
Ich glaube, er tat nur, als hätte er geschlafen. Ich glaube, er schlief nur scheinbar.

428 **Esperemos que el tiempo sea bueno.** Das Wetter wird hoffentlich gut sein.
Espero que haya echado la carta. Hoffentlich hat er den Brief eingeworfen.

Das Zahlwort

Die Grundzahlen

429

1	uno → 430	21	veintiuno → 430	50	cincuenta
2	dos	22	veintidós	60	sesenta
3	tres	23	veintitrés	70	setenta
4	cuatro	24	veinticuatro	80	ochenta
5	cinco	25	veinticinco	90	noventa
6	seis	26	veintiséis	100	cien, ciento → 431
7	siete	27	veintisiete	101	ciento uno
8	ocho	28	veintiocho	200	doscientos → 430
9	nueve	29	veintinueve	300	trescientos
10	diez	30	treinta	400	cuatrocientos
11	once	31	treinta y uno	500	quinientos
12	doce	32	treinta y dos	600	seiscientos
13	trece	33	treinta y tres	700	setecientos
14	catorce	34	treinta y cuatro	800	ochocientos
15	quince	35	treinta y cinco	900	novecientos
16	dieciséis	36	treinta y seis	1.000	mil
17	diecisiete	37	treinta y siete	2.000	dos mil
18	dieciocho	38	treinta y ocho	5.000	cinco mil
19	diecinueve	39	treinta y nueve		
20	veinte	40	cuarenta		

100.000	cien mil	
200.000	doscientos mil → 430	
1.000.000	un millón → 432	
2.000.000	dos millones	
100.000.000	cien millones	
200.000.000	doscientos millones	
1.000.000.000	mil millones	1 Milliarde
2.500.000.000	dos mil quinientos millones	2,5 Milliarden
23.800.000.000	veintitrés mil ochocientos millones	23,8 Mrd.

430				
un minuto	eine Minute	**doscientos marcos**	DM 200,—
una hora	eine Stunde	**doscientas pesetas**	Ptas. 200,—
veintiún minutos	21 Minuten	**trescientas mil pesetas**	Ptas. 300.000,—
veintiuna horas	21 Stunden		

Nach dem Geschlecht des Substantivs richten sich *uno*, *una*, auch in allen Zusammensetzungen, sowie die Hunderter von 200 bis 900. *uno* — *veintiuno*, *treinta y uno* usw. — verkürzt vor dem maskulinen Substantiv in Sg. und Pl.

431				
ciento uno	101	**cien años**	100 Jahre
ciento dos	102	**cien mil**	100.000
		cien millones	100.000.000

ciento steht nur in Verbindung mit folgenden kleineren Zahlen, also von 101 bis 199. In allen anderen Fällen steht *cien*.

432 Ha ganado **un millón de pesetas.** Er hat eine Million Peseten verdient.
Tiene **doscientos millones de pesetas.** Er hat 200 Millionen Peseten.

millón ist maskulines Substantiv und wird mit unbestimmtem Artikel gebraucht. Folgende Substantive werden mit *de* angeschlossen. Vgl. 204.

433 El proyecto costará **unos 23.500.000.000** (veintitrés mil quinientos millones).
Das Projekt wird etwa 23,5 Mrd. kosten.

Milliarden werden im Sp. als 1.000 Millionen umschrieben.

In Hispanoamerika wird teilweise *billón* anstelle von *mil millones* verwendet.

434 Hemos esperado **una hora o dos.** Wir haben ein oder zwei Stunden gewartet.
Los niños tienen **un año y dos,** respectivamente. Die Kinder sind ein und zwei Jahre alt.
Han llegado **cinco o seis paquetes.** Es sind fünf oder sechs Pakete gekommen.

Ist das erste von zwei durch *y* oder *o* verbundenen Zahlwörtern bei einem Substantiv *uno*, *una*, so wird das zweite Zahlwort nachgestellt.

435 Colón descubrió América **en 1492** (mil cuatrocientos noventa y dos).
Kolumbus entdeckte Amerika 1492 (vierzehnhundert zweiundneunzig).

> Zahlen zwischen 1100 und 1999 werden nicht wie im Dt. in Hundertern gesprochen. Die Jahresangabe steht mit *en*.

436 Nació **el 31 (treinta y uno) de agosto de 1930.**
Er wurde am 31. August 1930 geboren.
Madrid, **2—3—1970 (dos de marzo de 1970).**

> Grundzahlen dienen zur Angabe des Datums. Angabe des Jahrhunderts → 451.

Ausnahme ist der Monatserste:

Me voy de vacaciones el primero de setiembre.	Am 1. September fahre ich in Urlaub.

437

Es la una. → 295, → 529.	Es ist ein Uhr.
Son las dos.	Es ist zwei Uhr.
Son las dos y cuarto. → 452	Es ist Viertel nach zwei.
Son las dos y veinte.	Es ist zwanzig nach zwei.
Son las dos y media.	Es ist halb drei.
Son las tres menos veinticinco.	Es ist fünf nach halb drei.
Son las tres menos cuarto.	Es ist Viertel vor drei, dreiviertel drei.
Son las siete de la mañana.	Es ist sieben Uhr früh.
Son las siete de la tarde.	Es ist sieben Uhr abends.
Nos encontramos a la una.	Wir trafen uns um ein Uhr.
El tren sale a las diecinueve treinta y cinco.	Der Zug fährt um 19.35 ab.

Angaben der Tageszeit → 569, der Jahreszeit → 306.

438 **Tengo 40 años. Mi amigo tiene unos 35 años.**
Ich bin 40, mein Freund ist ungefähr 35 Jahre alt.

> Das Alter wird mit *tener* . . . *años* angegeben. Vgl. 296.
> *unos* + *Zahl* = ungefähr.

439 Mis hijos tienen **tres años y medio** y **año y medio,** respectivamente.
Meine Kinder sind dreieinhalb und eineinhalb Jahre alt.
Tenemos que esperar **hora y media.**
Wir müssen eineinhalb Stunden warten.
La hija de mi hermano tiene **15 meses.**
Die Tochter meines Bruders ist eineinviertel Jahre alt.

> Ganze Zahlen stehen vor dem Substantiv, *y medio* wird nachgestellt. Bei *año y medio*, *hora y media* usw. steht meist kein unbestimmter Artikel. Statt eineinviertel oder eindreiviertel Jahre usw. werden Monate angegeben.

440 Los alumnos se agrupaban **de cinco en cinco** en cada una de las mesas.
Die Schüler gruppierten sich jeweils zu fünft an den einzelnen Tischen.
Eramos cinco. → 105 Wir waren fünf/zu fünft.
Podemos hacerlo sólo **si somos dos.** Wir können das nur zu zweit.

> *de tres en tres*, *de cuatro en cuatro* usw. — zu dritt, zu viert — wird nur verwendet, wenn es sich um mehrere Dreier-, Vierergruppen usw. handelt.

441 200 estaban ya en la sala, y en la calle **esperaban otros tantos.**
200 waren schon im Saal, und auf der Straße warteten noch einmal ebenso viele.

> *otros tantos* = ebenso viele.

442 Los tres ganamos más o menos lo mismo, **pero Pepe gana tres veces más.**
Wir drei verdienen ungefähr dasselbe, aber Pepe verdient dreimal soviel.

> *x veces más* = x mal soviel

443 Me han concedido **un 5 por ciento de comisión.**
Man hat mir 5% Provision eingeräumt.
El 51 por ciento de los electores votaron por los socialistas.
51 Prozent der Wähler stimmten für die Sozialisten.

> Prozentzahlen stehen mit Artikel. Unbestimmter Artikel vor allgemeineren Angaben *(de comisión)*, bestimmter Artikel vor einer Angabe, die 100% entspricht *(los electores)*.

444 $1 + 4 = 5$ **uno y cuatro, cinco (uno más cuatro, igual a cinco)**
$5 - 1 = 4$ **de uno a cinco van cuatro (cinco menos uno son cuatro)**
$2 \times 3 = 6$ **dos por tres, seis**
$6 : 3 = 2$ **seis entre tres, dos (seis dividido por tres son dos)**

445 **Tengo una semana libre.** Ich habe acht Tage frei.
Estuve 15 días en casa. Ich war 14 Tage zu Hause.
Estuve en casa nada más que una quincena. Ich war nur 14 Tage zu Hause.

> Zeiträume von einer und zwei Wochen werden teilweise abweichend vom Dt. angegeben.

446 He comprado **una docena de ostras.** Ich habe ein Dutzend Austern gekauft.
No me quedé mucho tiempo en España, **una quincena,** más o menos. → 445
Ich blieb nicht lange in Spanien, ungefähr vierzehn Tage.
Había ahí **un centenar de personas.** Es waren ungefähr hundert Menschen dort.
Había **centenares de personas.** Es waren Hunderte von Menschen dort.
Miles/millares de personas vieron el partido de fútbol.
Tausende von Menschen sahen das Fußballspiel.
Los daños ascienden a **cientos de miles de marcos.** Die Schäden gehen in die Hunderttausende.

> Von Kollektivzahlen kann wie im Dt. ein Plural gebildet werden.

Die Ordnungszahlen

447

1° primero	11° undécimo
2° segundo	12° duodécimo
3° tercero	13° décimotercero (décimo tercio)
4° cuarto	14° décimocuarto
5° quinto	15° décimoquinto
6° sexto	etc.
7° séptimo	20° vigésimo
8° octavo	21° vigésimo primero
9° noveno	etc.
10° décimo	100° centésimo

448 **Es el segundo viaje** que hago a España, pero **la primera vez** que estoy en Cádiz.
Es ist meine zweite Reise nach Spanien, aber das erstemal, daß ich in Cádiz bin.
Los primeros pasos siempre son los más difíciles.
Die ersten Schritte sind immer die schwierigsten.

> Ordnungszahlen sind veränderliche Adjektive. Sie stehen vor dem Substantiv.

Nachgestellt werden sie auch bei Bezeichnung von Kapiteln, Theaterakten usw.:

el capítulo primero	das erste Kapitel	el acto segundo	der zweite Akt

449 Nosotros vivimos **en el primer piso,** mis padres están **en el tercero.**
Wir wohnen im ersten Stock, meine Eltern sind im dritten.
Mis padres viven **en el 3^{r} piso.**
Meine Eltern wohnen im 3. Stock.

> Verkürzung von *primero* und *tercero* → 350.
> Schreibung der verkürzten Form *tercer* als Zahl: *3^{r}*.

450 ¿Tenemos hoy **el primero o el dos de julio**? → 436. Vgl. 106.
Ist heute der 1. oder der 2. Juli?

451 **El emperador Carlos V (Quinto)** de Alemania fue, como **Carlos I (Primero),** rey de España. → 307
Kaiser Karl V. von Deutschland war als Carlos I. König von Spanien.
El papa Juan XXIII (veintitrés) fue una de las figuras más importantes de la Iglesia **en el siglo XX (veinte).**
Papst Johannes XXIII. war eine der bedeutendsten Gestalten der Kirche im 20. Jahrhundert.
Ya no había entradas **para la fila 12**, de modo que tuvimos que contentarnos con la novena.
Es gab keine Karten mehr für die 12. Reihe, so daß wir uns mit der 9. begnügen mußten.

> Ordnungszahlen werden fast ausschließlich bis *décimo* gebraucht. Statt der weiteren Ordnungszahlen werden die Grundzahlen verwendet. — Die Zählung von Herrschern und Jahrhunderten wird mit römischen Zahlen ohne Punkt angegeben.

452 Ya he hecho **la tercera/cuarta parte de la traducción.**
Ich habe schon ein Drittel/Viertel der Übersetzung gemacht.
En algunos países se dedica **un cuarto del presupuesto** a la Educación.
In manchen Ländern wird ein Viertel des Haushalts für das Erziehungswesen bereitgestellt.
He esperado **un cuarto de hora.** Vgl. 437.
Ich habe eine Viertelstunde gewartet.

> *cuarto* wird auch als Bruchzahl verwendet; ansonsten wird meist mit *parte* umschrieben.

Für die Hälfte ist zu merken:

Ya he gastado la mitad del dinero.	Ich habe schon die Hälfte des Geldes ausgegeben.
¿ Puedes esperar media hora? → 300	Kannst du eine halbe Stunde warten?
¿ Quieres medio litro de leche? Me sobra.	Willst du einen halben Liter Milch? Ich habe ihn übrig.

Die Mathematik verwendet für Bruchzahlen ab Nenner 11 die Endung *-avo*. Diese Formen werden in Hispanoamerika zum Teil auch als Ordnungszahlen verwendet. Sie können auch mit *parte* verbunden werden.

un onceavo	$^1/_{11}$	la quinceava parte	der 15. Teil
cinco doceavos	$^5/_{12}$		

Das Pronomen

Es gibt zwei Arten von Personalpronomen. Die Pronomen der einen Reihe sind nur als Objekt (Dativ und Akkusativ) von Verben zu verwenden. Wegen der notwendigen Verbindung mit einem Verb nennt man sie verbundene Pronomen. Die Pronomen der anderen Reihe können Subjekt des Satzes sein, als kurze Antwort für sich allein stehen sowie Objekt von Präpositionen sein. Man nennt sie unverbundene oder selbständige Pronomen.

Das verbundene Personalpronomen

453

Person	Dativ		Akkusativ		
1. yo → 482	**me**	mir	**me**		mich
2. tú	**te**	dir	**te**		dich
3. él (m)	**le**	ihm	**le**	**lo**	ihn
ella (f)	**le**	ihr	**la**		sie
ello, esto (n)	**le**	ihm, dem	**lo**		es
Vd., señor (m)	**le**	Ihnen	**le**	**lo**	Sie
Vd., señora (f)	**le**	Ihnen	**la**	**le**	Sie
1. nosotros	**nos**	uns	**nos**		uns
2. vosotros	**os**	euch	**os**		euch
3. ellos (m)	**les**	ihnen	**los**		sie
ellas (f)	**les**	ihnen	**las**		sie
Vds., señores (m)	**les**	Ihnen	**les**	**los**	Sie
Vds., señoras (f)	**les**	Ihnen	**las**	**les**	Sie

Die dt. Übersetzungen gelten nur für Pronomen, die für eine Person stehen.

454

Paco	**Le escribo.**	Ich schreibe ihm.
María	**Le escribo.**	Ich schreibe ihr.
los amigos	**Les escribo.**	Ich schreibe ihnen.
las amigas	**Les escribo.**	Ich schreibe ihnen.
Vd.	**Le escribo.**	Ich schreibe Ihnen.
Vds.	**Les escribo.**	Ich schreibe Ihnen.

esta cosa	**No le doy importancia.**	Ich messe ihr keine Bedeutung bei.
este libro	**No le doy importancia.**	Ich messe ihm keine Bedeutung bei.

> Der Dativ der 3. Person heißt für Personen und Sachen *le*, *les*.

455 **Paco me escribe. Me informa.** Paco schreibt mir. Er informiert mich.
Te escribe. Te informa. Er schreibt dir. Er informiert dich.
Nos escribe. Nos informa. Er schreibt uns. Er informiert uns.
Os escribe. Os informa. Er schreibt euch. Er informiert euch.

> Dativ und Akkusativ der 1. und 2. Pers. Sg. und Pl. sind jeweils gleich.

456	el libro	**No lo encuentro.**	Ich finde es nicht.
	los libros	**No los encuentro.**	Ich finde sie nicht.
	la entrada	**No la encuentro.**	Ich finde sie nicht.
	las entradas	**No las encuentro.**	Ich finde sie nicht.

> Der Akkusativ für Sachen heißt *lo*, *los*, *la*, *las*
> Also unterscheidet sich nur *lo* — maskulin Sg. — vom bestimmten Artikel.

457 Busco al señor López. **No le/lo veo.** Ich sehe ihn nicht.
Señor López, **no le/lo vi** Herr López, ich sah Sie nicht.

Busco a María. **No la veo.** Ich sehe sie nicht.
Señorita María, **no la vi.** Fräulein Maria, ich sah Sie nicht.

Busco a los amigos. **No los/les veo.** Ich sehe sie nicht.
Señores, **no les/los vi.** Meine Herren, ich sah Sie nicht.

Busco a las amigas. **No las veo.** Ich sehe sie nicht.
Señoras, **no las vi.** Meine Damen, ich sah Sie nicht.

> Der Akkusativ für Personen heißt feminin *la*, *las*.
> Für die 3. Pers. maskulin gibt es jeweils zwei Formen: *le/lo*, *les/los*.
> Für die angesprochene Person *(Vd., Vds.)* überwiegt *le*, *les*.
> Für die abwesende Person wird auch *lo*, *los* häufiger verwendet.

In den Beispielen stehen an erster Stelle die in Spanien häufiger verwendeten Formen. Der Gebrauch ist zwar nicht einheitlich, insgesamt wird jedoch mehr *le*,*les* verwendet. In Hispanoamerika steht *lo*, *los* stärker im Vordergrund.

458 Hoy vienen Pedro y María. **Los he invitado.**
Heute kommen Pedro und Maria. Ich habe sie eingeladen.
Aquí tienes los libros y las carpetas. **Los he traído.**
Hier hast du die Bücher und Mappen. Ich habe sie mitgebracht.

> Steht ein Pronomen für mehrere Gegenstände oder Personen, zu denen ein Maskulinum zählt, so steht die maskuline Pluralform. Vgl. → 342—344

459 ¿ Qué es **esto ?** — No sé, **lo veo por primera vez.**
Was ist das? — Ich weiß nicht, ich sehe es zum erstenmal.
Ya **he vuelto,** pero los demás **todavía no lo saben.**
Ich bin schon zurückgekommen, aber die anderen wissen es noch nicht.

> Das neutrale *lo* bezieht sich auf Neutra (*esto*, *todo*, *lo primero* usw.) oder auf einen ganzen Satzinhalt *(he vuelto)*.

460

Me da el libro.	**Me lo da.**	Me da la carta.	**Me la da.**
Te da el libro.	**Te lo da.**	Te da la carta.	**Te la da.**
Nos da el libro.	**Nos lo da.**	Nos da la carta.	**Nos la da.**
Os da el libro.	**Os lo da.**	Os da la carta.	**Os la da.**
Me da los libros.	**Me los da.**	Me da las cartas.	**Me las da.**

> Treffen zwei Pronomen zusammen, so steht das Pronomen der Person vor dem der Sache.

461

Le doy el libro. le → 454	**Se lo doy.**
Ich gebe ihm/ihr/Ihnen das Buch.	Ich gebe es ihm/ihr/Ihnen.
Le doy los libros.	**Se los doy.**
Les doy la carta.	**Se la doy.**
Les doy las cartas.	**Se las doy.**

> Trifft ein Dativpronomen *le*, *les* mit einem Akkusativpronomen der Sache zusammen, so wird es durch die Form *se* ersetzt.

Meist ist der Akkusativ eine Sache — wie in den obigen Beispielen —, es kann aber auch eine Person sein. Auch dann steht *se* vor dem anderen Pronomen:

¿ Conoce Vd. a mis amigos?	Kennen Sie meine Freunde?
Se los presento.	Ich stelle sie Ihnen vor.

462 **¿ Conoces al señor García? — No, ahora me presento.**
Kennst du Herrn García? — Nein, jetzt stelle ich mich (ihm) vor.
Yo me presenté a él la semana pasada, ya lo sabes.
Ich stellte mich ihm letzte Woche vor, das weißt du ja.

Im allgemeinen wird vermieden, daß zwei verbundene Pronomen für Personen zusammentreffen. Eines wird durch den Zusammenhang oft überflüssig, andernfalls wird oft die selbständige Form gebraucht. → 489

463 **Me lavo.**	Ich wasche mich.	**Me lavo las manos.**	Ich wasche mir die Hände.
Te lavas.		**Te lavas las manos.**	
Se lava.		**Se lava las manos.**	
Nos lavamos.		**Nos lavamos las manos.**	
Os laváis.		**Os laváis las manos.**	
Se lavan.		**Se lavan las manos.**	

Das Reflexivpronomen — Akkusativ und Dativ — ist in der 1. und 2. Person Sg. und Pl. identisch mit dem verbundenen Personalpronomen dieser Personen. Das Reflexivpronomen der 3. Pers. Sg. und Pl. heißt *se*.
Verwendung reflexiver Verben und Verbformen → 75—90.

464 **Se me acercó un señor.** Es näherte sich mir ein Mann.
Se compró el coche. **Se lo compró.** Er kaufte sich das Auto — er kaufte es sich.
Se le olvidó llamarme. → 80 Er vergaß mich anzurufen.

Das Reflexivpronomen steht vor einem weiteren verbundenen Pronomen.

465 **Su carta nos llegó ayer.** Ihr Brief traf gestern bei uns ein.
Por favor, **no me llores aquí.** Bitte, fange mir nicht hier zu heulen an!

Das Dativpronomen bezeichnet — wie teilweise auch im Dt. — eine „interessierte" oder betroffene Person.

466 Buenas tardes, **que Vd. lo pase bien.** (sehr höflich:) Auf Wiedersehen.
Lo hemos pasado muy bien. Wir hatten eine sehr nette Zeit, einen netten Nachmittag usw.

lo steht in einigen Ausdrücken als unbestimmte Angabe einer Zeitdauer.

467 Este coche **arranca que se las tira.** Der Wagen zieht weg, da ist alles dran!
Es un coche que se las tira. Der Wagen hat's in sich!
Pepe se las da de sabelotodo. Pepe spielt sich als Alleswisser auf.

las steht in einigen idiomatischen Ausdrücken ohne erkennbare Beziehung auf ein Substantiv.

468 **Pepe dice que es intérprete, pero no lo es.**
Pepe sagt, er sei Dolmetscher, aber er ist es nicht.
Todos creen que Pepe es tan inteligente como José, pero no lo es.
Alle glauben, Pepe sei so intelligent wie José, aber er ist es nicht.

lo steht als Prädikatsnomen anstelle von Substantiven *(intérprete)* oder Adjektiven *(inteligente)*. Es ist dies der einzige Fall, in dem das verbundene Personalpronomen einen Nominativ vertritt.

Das redundante verbundene Personalpronomen

Wenn ein und derselbe Inhalt sprachlich durch mehrere Elemente ausgedrückt wird, so spricht man von Redundanz. Das redundante Personalpronomen im Dativ und Akkusativ ist eine besondere Eigenart des Spanischen. Es wird besonders in der gesprochenen Umgangssprache sehr viel verwendet.

469 **No vendo este libro.** Este libro **no lo vendo.**
Ich verkaufe dieses Buch nicht. Dieses Buch verkaufe ich nicht.
El coche, **¿no lo vendes?** Und das Auto verkaufst du nicht?
A mí no me han invitado. → 491 Mich haben sie nicht eingeladen.
A Paco no le han invitado tampoco. Paco haben sie auch nicht eingeladen.
Esto no lo he dicho yo. Das habe nicht ich gesagt.
Esto no se lo he dicho yo. Das habe nicht ich ihnen gesagt.

Ein aus Gründen der Betonung vorangestelltes Akkusativobjekt wird beim Verb durch Pronomen wieder aufgenommen. Ausnahmen → 470.

470 **¿ A quién llamas ?** Wen rufst du? Wen rufst du an?
¿ Qué coche has comprado ? Was für ein Auto hast du gekauft?
Algo sabrá, aunque no sea mucho. Etwas wird er wissen, auch wenn es nicht viel sein sollte.
Nada he dicho. Nichts habe ich gesagt!
La casa que ves allí es la nuestra. Das Haus, das du dort siehst, ist unsres.
Buenas noticias traigo. Gute Nachrichten bringe ich.

Das redundante Pronomen wird im allgemeinen nicht gebraucht, wenn das vor dem Verb stehende Akkusativobjekt ein Fragepronomen, *algo*, *nada* oder ein Relativpronomen ist oder wenn es ein Substantiv ohne Artikel oder mit unbestimmtem Artikel ist.

471 **Pepe lo sabe todo.** Pepe weiß alles.
¡Todo lo sabe! Alles weiß er!

todo als Akkusativobjekt wird durch Pronomen *lo* beim Verb ergänzt.

Nicht immer, aber häufig wird auch der Plural *todos* durch Pronomen ergänzt:

Yo los conocía a todos.	Ich kannte (sie) alle.
A todos les invito.	Ich lade sie alle ein.

472 **Lo mismo le ocurrió a mi padre.** Dasselbe passierte meinem Vater. Das gleiche war bei meinem Vater der Fall.
A mi padre le ocurrió lo mismo. Meinem Vater passierte dasselbe.
¿ Qué me importa a mí ? A mí, ¿ qué me importa ? Was geht mich das an?
No se lo diría a él, sino a su padre. Ich würde es nicht ihm, sondern seinem Vater sagen.

Das Dativobjekt der Person wird häufig durch das redundante Pronomen ergänzt, unabhängig von seiner Stellung vor oder nach dem Verb.

Auch bei Sachobjekten kann das redundante Personalpronomen stehen:

Yo no le concedería tanta importancia a esta carta.	Ich würde diesem Brief nicht soviel Bedeutung beimessen.

Die Stellung des verbundenen Pronomens zum Verb

Im folgenden Abschnitt wird nicht jedesmal darauf verwiesen, daß für die Stellung von zwei Pronomen zum Verb die gleichen Regeln gelten wie für die Stellung eines einzelnen Pronomens, wobei die Reihenfolge zweier Pronomen → 460—461, → 464 jeweils unverändert bleibt.

473 **Se lo digo, y él me lo cree.** Ich sage es ihm, und er glaubt es mir.
Ya se lo he dicho. Ich habe es ihm schon gesagt.
¡No se lo creas! Glaub es ihm nicht!

Das Pronomen steht vor der finiten Verbform, in zusammengesetzten Zeiten also vor dem Hilfszeitwort. Das Pronomen steht vor dem verneinten Imperativ. Vgl. 475

Im literarischen Stil wird auch heute nicht selten eine ältere Regel befolgt, nach der das verbundene Pronomen nicht den Satz einleiten soll und deshalb auch an die finite Verbform angehängt wird:
Adorábanse el molinero y su mujer. Der Müller und seine Frau liebten einander abgöttisch.

474 No es difícil **orientarse** en esta ciudad. Es ist nicht schwierig, sich in dieser Stadt zurechtzufinden.
Da gusto **verle** trabajar. Es macht Spaß, ihn arbeiten zu sehen.
No será fácil **explicártelo.** Es wird nicht leicht sein, es dir zu erklären.
Fue dificilísimo **convencerle.** Es war unendlich schwierig, ihn zu überzeugen.

Das Pronomen wird an den Infinitiv angehängt. Die Betonung des Infinitivs darf nicht verändert werden, deshalb steht bei zwei Pronomen Akzent.

475 Tienes que levantarte. **¡Levántate!** Du mußt aufstehen. Steh auf!
Debe Vd. afeitarse. **¡Aféitese!** Sie müssen sich rasieren. Rasieren Sie sich!
Es necesario decírselo. **¡Dígaselo!** Man muß es ihm sagen. Sagen Sie es ihm!

Das Pronomen wird an den bejahten Imperativ angehängt. Vgl. 473 Die Betonung der Verbform darf nicht verändert werden, deshalb steht Akzent.

476 Se marchó **diciéndome** que todo estaba preparado.
Er ging weg, indem er mir sagte, alles sei vorbereitet.
Leyéndolo de nuevo, el libro me pareció completamente distinto.
Als ich es noch einmal las, erschien mir das Buch völlig anders.

Das Pronomen wir an das *gerundio* angehängt. Die Betonung der Verbform darf nicht verändert werden, deshalb steht Akzent. Vgl. 478

477 **Tengo que decirte** una cosa. Ich muß dir etwas sagen.
Quisiera invitarte para mañana. Ich möchte dich für morgen einladen.
Mi padre no suele acostarse antes de la una. Mein Vater geht meist nicht vor ein Uhr ins Bett.
Mi padre no se suele acostar muy temprano. Mein Vater geht meist nicht sehr früh ins Bett.

Bei Verbalkonstruktionen mit Infinitiv, die weitgehend als Einheit zu betrachten sind — vgl. Modal- und Hilfsverben 242—254 — kann das Pronomen vor dem finiten Verb *(se suele acostar)* oder angehängt an den Infinitiv stehen *(suele acostarse)*. Häufiger ist letztere Konstruktion. Vgl. 162

Die Tendenz, das Pronomen vorzustellen, besteht vor allem bei *ir a + Infinitiv:*

Me voy a bañar.	Ich will/werde baden.
Se lo voy a decir.	Ich werde es ihm sagen.
Me alegro que venga Vd., ya le iba a llamar.	Ich freue mich, daß Sie kommen, ich wollte Sie schon anrufen.

478 **Me estoy preparando** para el examen. Ich bereite mich auf die Prüfung vor.
Siguen escribiéndome cartas, pero ya no contesto. Sie schreiben mir immer noch Briefe, aber ich antworte nicht mehr.
Ya nos estamos acercando al final de la temporada. Wir nähern uns schon dem Ende der Saison.
¿ Me estaba buscando Vd. ? Suchten Sie mich?

Bei Verbalkonstruktionen mit *gerundio* → 220—223 kann das Pronomen vor dem finiten Verb stehen oder an das *gerundio* angehängt werden. Bei der weitaus häufigsten Konstruktion *estar + gerundio* wird das Pronomen überwiegend vorangestellt.

479 **No me atreví a decirlo.** Ich traute mich nicht, es zu sagen.

> Die Trennung von zwei Pronomen — eines beim finiten Verb, eines beim Infinitiv — ist selten. Sie findet nur dann statt, wenn je eines der beiden Pronomen ziemlich eng zu einem der beiden Verben gehört.

Daß das Sp. hier jedoch an sich unlogische Konstruktionen nicht scheut, zeigen folgende Originalbeispiele:

No volverá a vérsela. (Bei Ortega y Gasset statt: no se volverá a verla oder no se la volverá a ver).	Man wird sie nicht wieder sehen.
Dicen que su ciudad es mejor que la nuestra y que debiera convertírsela en capital de provincia. (Bei Julio Camba statt: se debiera convertirla oder se la debiera convertir).	Sie sagen, ihre Stadt sei besser als die unsere, und man sollte sie zur Provinzhauptstadt machen.

480 Se apresuraba **para poderles dar** la noticia a tiempo.
Se apresuraba **para poder darles** la noticia a tiempo.
Er beeilte sich, um ihnen die Nachricht rechtzeitig geben zu können.

> Bei zwei Infinitiven kann ein Pronomen, das Objekt des zweiten Infinitivs ist, auch an den ersten Infinitiv angehängt werden.

Das selbständige Personalpronomen

481

Nominativ		Dativ/Akkusativ		Nominativ		Dativ/Akkusativ	
yo	ich	**a mí**		**nosotros**	wir	**a nosotros**	
tú	du	**a ti**		**vosotros**	ihr	**a vosotros**	
él	er	**a él**		**ellos**	sie	**a ellos**	
ella	sie	**a ella**		**ellas**	sie	**a ellas**	
(ello)	es	**(ello)**					
usted	Sie	**a usted**		**ustedes**	Sie	**a ustedes**	
el/ella/ello/Vd.		**a sí**	sich	**ellos/ellas/Vds.**		**a sí**	sich

Nosotros und *vosotros* sind zweiendig: *nosotras*, *vosotras*.

482 **No sé qué hacer.** Ich *weiß* nicht, was ich tun soll.
Yo no sé qué hacer. Also, *ich* weiß *nicht*, was ich tun soll!
Tú puedes salir ahora, nosotros iremos más tarde. Du kannst jetzt weggehen, wir gehen später.
Pregunta tú, si quieres. Frag doch du, wenn du willst.

> Der Nominativ des Personalpronomens ist für die Konjugation des Verbs überflüssig, da die Verbform auch die Person angibt. Das Pronomen wird nur verwendet, wenn die Person betont werden soll.

483 **¿ Quiere Vd. venir mañana?** Wollen Sie morgen kommen?
¿ **Ya saben Vds.** qué tiempo hará mañana? Wissen Sie schon, wie das Wetter morgen sein wird?

> Die höfliche Anrede heißt im Sp. *usted (Vd.)*, Pl. *ustedes (Vds.)*. Das Verb steht bei dieser Anrede in der 3. Pers. Sg./Pl.
> Auch wenn keine Betonung beabsichtigt ist, wird dieses Pronomen sehr häufig verwendet.

484 ¿ Tú qué quieres? **¿ Vos, qué querés?** Was willst du?
¿ De qué os alegráis vosotros? **¿ De qué se alegran ustedes?** Worüber freut ihr euch?

> In Argentinien und Uruguay wird statt *tú* ein älteres *vos* gebraucht.
> (Die Verbalformen dazu sind *tomás*, *querés*, *decís* statt *tomas*, *quieres*, *dices*. Es handelt sich um die leicht veränderten Pluralformen *tomáis*, *queréis*, *decís*.)
> In ganz Hispanoamerika wird statt *vosotros* vielfach *ustedes* gebraucht.

485 **Esto es evidente.** Es/das ist klar, es liegt auf der Hand.
Yo no sabía esto. Ich wußte es/das nicht.

> *ello* wird im Nominativ immer durch *esto*, *eso* ersetzt, es kommt also nur in Verbindung mit Präpositionen vor → 492.

Ist keine Betonung erforderlich, so steht auch das verbundene Pronomen *lo* zur Verfügung:

No lo sabía.	Ich wußte es nicht.

486 ¿ Se lo dirás? — **¿ Yo ?** ¡ Ni hablar! Sagst du es ihm? — Ich? Keine Spur!
¿ Tienes tanto trabajo **como yo** ? Hast du soviel Arbeit wie ich?
Tengo más trabajo **que tú.** Ich habe mehr Arbeit als du.

Das selbständige Pronomen steht in Fragen und Antworten ohne Verb. Es wird auch häufig im Vergleich nach *como* und *que* gebraucht → 355—357.

487 **¿ Eres tú ? — Sí, soy yo.** Bist du's? — Ja, ich bin's.

Das selbständige Pronomen steht als Prädikatsnomen. Vgl. 468

488 **Estando ella** con los niños, no estoy preocupado yo. → 231
De no haberlo visto él mismo, no lo creería yo. → 218

Das selbständige Pronomen steht als Subjekt nach Infinitiv und *gerundio.*

489 ¿ A quién invitan? — **A mí.**
— **A ti.**
— **A él.**

¿ A quién escriben? — **A mí.**
— **A ti.**
— **A él.**

Akkusativ und Dativ der Person sind wie beim Substantiv gleich und werden wie beim Substantiv mit *a* gebildet → 333.
Nur für die 1. und 2. Pers. Sg. gibt es eine eigene Akkusativform — *a mí, a ti* —, für die anderen Personen wird Dativ und Akkusativ mit der Nominativform gebildet: *a él, a ella, a Vd., a nosotros* usw.

490 ¿ A quién engaña? — *A sí mismo.* Wen betrügt er? Sich selbst.
¿ A quién engañan? — *A sí mismos.* Wen betrügen sie? Sich selbst.

Das selbständige Reflexivpronomen heißt im Sg. und Pl. für Akkusativ und Dativ *sí.* Es wird häufig durch *mismo* verstärkt.

491 **A mí no me han invitado.** Mich haben sie nicht eingeladen.
No se lo dijeron a él, sino a ella. Sie sagten es nicht ihm, sondern ihr.

Dativ und Akkusativ des selbständigen Pronomens stehen als Betonung. Sie werden fast ausnahmslos durch das redundante Pronomen ergänzt → 469, 472.

492 Lo ha comprado **para mí.** Er hat es für mich gekauft.
Hemos hablado **de ti.** Wir haben von dir gesprochen.
Lo he hecho **por él.** Ich habe es seinetwegen gemacht.
Esto es una contradicción **en sí.** Das ist ein Widerspruch in sich.
Para nosotros es un placer. Für uns ist es ein Vergnügen.
Un señor ha preguntado **por vosotros.** Ein Herr hat nach euch gefragt.
Yo tengo confianza **en ellas.** Ich habe Vertrauen zu ihnen.

> Als Objekt von Präpositionen werden die gleichen Formen verwendet wie zur Bildung des Dativs und Akkusativs → 489—490: *mí, ti, él, ella* usw. Ausnahmen mit *con* → 493.

Eine Ausnahme bildet die Präposition *entre*, nach der die Nominativform verwendet wird, da es sich hier sinngemäß meist um ein Subjekt handelt:

Entre tú y yo lo conseguiremos.	Du und ich, wir werden das zusammen schaffen.

493 ¿ Quiere Vd. venir **conmigo ?** Wollen Sie mit mir kommen?
No sé qué pasa **contigo.** Ich weiß nicht, was mit dir los ist.
El crecimiento de la ciudad lleva **consigo** una serie de problemas.
Das Anwachsen der Stadt bringt eine Reihe von Problemen mit sich.

> Besondere Formen entstehen in drei Fällen mit der Präposition *con: conmigo* mit mir, *contigo* mit dir, *consigo* mit sich.

Die anderen Personen stehen bei *con* wie bei anderen Präpositionen → 492:

He tenido que hablar con él.	Ich mußte mit ihm sprechen.
He soñado con ella.	Ich habe von ihr geträumt.

Das unbetonte und das betonte Possessivpronomen

494 **Busco mi libro.**	mein Buch	**Busco mis cosas.**	meine Sachen
¿ Buscas tu libro ?	dein Buch	**¿ Buscas tus cosas ?**	deine Sachen
Paco busca su libro.	sein Buch	**Paco busca sus cosas.**	seine Sachen
Juana busca su libro.	ihr Buch	**Juana busca sus cosas.**	ihre Sachen
¿ Busca Vd. su libro ?	Ihr Buch	**¿ Busca Vd. sus cosas ?**	Ihre Sachen

Buscamos a nuestro compañero. — **Buscamos nuestras cosas.**
¿ Buscáis a vuestro compañero ? — **¿ Buscáis vuestras cosas ?**
Ellos buscan a su compañero. — **Ellos buscan sus cosas.**
Ellas buscan a su compañero. — **Ellas buscan sus cosas.**
¿ Buscan Vds. a su compañero ? — **¿ Buscan Vds. sus cosas ?**

> Diese Pronomen sind einendig mit Ausnahme von *nuestro* und *vuestro*.
> *su* wird für die 3. Pers. maskulin und feminin in Sg. und Pl. gebraucht und auch auf die Höflichkeitsform *Vd.*, *Vds.* → 483 bezogen.
> Diese Formen stehen immer unbetont vor dem Substantiv.

495 **Ha venido su padre de Vd./el padre de Vd.** Ihr Vater ist gekommen.

> Wenn *su* wegen seiner verschiedenen Bedeutungsmöglichkeiten nicht ausreichend klar erscheint, wird es ergänzt durch *de + Personalpronomen*. Es kann dann aber auch durch bestimmten Artikel ersetzt werden.

496 **mío**	mein	**nuestro**	unser
tuyo	dein	**vuestro**	euer
suyo	sein	**suyo**	ihr
	ihr/Ihr		Ihr

> Diese Pronomen sind zweiendig: *mío*, *mía* usw. Da sie beim Sprechen betont werden können, nennt man sie „betonte Possessivpronomen".

497 **Este libro es mío.** Dieses Buch gehört mir.
¿ De quién son estas cosas ? — **Son mías.** Wem gehören die Sachen ? — Mir.

> *ser + betontes Possessivpronomen* = gehören.

498 ¿De quién es este libro? — **Es el mío,** Vd. no llevaba **el suyo.**
Wessen Buch ist das? — Es ist das meine, Sie hatten das Ihre nicht dabei.

> *el mío* = der meine, der meinige.

Beachten Sie auch:

Yo hago lo mío, haga Vd. lo suyo.	Ich mache meine Arbeit, machen Sie die Ihre.
Si quieren tocar lo mío, lo defiendo.	Wenn sie mein Eigentum angreifen wollen, verteidige ich es.
Los míos están de vacaciones.	Meine Familie ist in Ferien.

499 Nos viene a visitar **un amigo mío.** Ein Freund von mir kommt uns besuchen. **Una prima mía** acaba de tener un niño. Eine Kusine von mir hat gerade ein Kind bekommen.

> Das betonte Possessivpronomen steht nach dem Substantiv mit unbestimmtem Artikel.

500 **¡Dios mío!** Mein Gott!
Pero sí, hija mía. Aber ja, mein Kind.

> Das betonte Possessivpronomen wird — nachgestellt — im Ausruf verwendet.

501 **Miró alrededor suyo/alrededor de sí.** Er schaute um sich.

> Das betonte Possessivpronomen wird häufig nach zusammengesetzten Präpositionen statt *de + Personalpronomen* verwendet. (Diese Verwendung gilt als nicht korrekt).

Auch das unbetonte Possessivpronomen steht in Verbindung mit solchen Präpositionen:

A su alrededor estaban sus hijos y nietos.	Rund um ihn waren seine Kinder und Enkel.
Vgl. auch:	
Tuvimos que marcharnos, muy a pesar mío.	Wir mußten gehen, sehr zu meinem Leidwesen.

Das Demonstrativpronomen

502	**este**	**estos** (m)	**ese**	**esos** (m)	**aquel**	**aquellos** (m)
	esta	**estas** (f)	**esa**	**esas** (f)	**aquella**	**aquellas** (f)
	esto (n)		**eso** (n)		**aquello** (n)	

503 **Compro este libro. Compro estos libros.** Ich kaufe dieses Buch/diese Bücher. **Compro esta casa. Compro estas casas.** Ich kaufe dieses Haus/diese Häuser.

> *este, esta* weist auf Dinge oder Personen hin, die nahe beim Sprechenden liegen. — Der Plural von *este* heißt *estos.* — Zeitangaben mit *este* → 173.

Ein Beispiel für die „Nähe", in die ein Gegenstand durch Erwähnung gerückt wird:

Recuerdo que mi primer coche, hace 15 años, era un Seat. Este coche era un vehículo curioso ...	Ich erinnere mich, daß mein erstes Auto vor 15 Jahren ein Seat war. Dieses Auto war ein merkwürdiges Fahrzeug ...

504 **¿ Qué es esto ?** Was ist das?
¿ Vd. quiere que lea **todo esto** ? Sie wollen, daß ich das alles lese?

> *esto* ist Neutrum, kann also nicht in Verbindung mit Substantiven auftreten. Dagegen steht es oft in Verbindung mit *todo*. Vgl. 485.

505 ¿ Conoce Vd. a **ese señor** ? Kennen Sie den Herrn dort drüben?
¿ Conoce Vd. a **esos señores** ? Kennen Sie die Herren dort?
¿ Es guapa **esa señorita** que acaba de llegar? Ist die junge Dame hübsch, die erst angekommen ist?

> *ese, esa* weist auf Dinge oder Personen hin, die vom Sprechenden etwas weiter entfernt sind. Der Plural von *ese* heißt *esos.*

In manchen Fällen besagt *ese, esa,* daß der genannte Gegenstand in enger örtlicher oder sonstiger Verbindung mit dem Angesprochenen steht:

¿ Cómo va eso?	Wie geht es Ihnen?
¿ Vale la pena leer ese libro?	Lohnt es sich, dieses Buch (das Sie da haben) zu lesen?

Diese Unterscheidung zeigt sich besonders deutlich in einer Formulierung der Handelskorrespondenz:

Su envío ha llegado a ésta (= esta ciudad) el día 15 corriente.	Ihre Sendung ist hier am 15. dieses Monats eingetroffen.
Nuestro representante llegará a ésa en enero próximo.	Unser Vertreter kommt zu Ihnen im kommenden Januar.

506 Ha llamado de nuevo **ese González.** Dieser González da hat wieder angerufen.

> *ese*, *esa*, *eso* wird oft in abfälligem, geringschätzigem Ton gebraucht.

Auch *este*, *esta*, *esto* werden in diesem Sinne verwendet, jedoch nicht so häufig.

507 ¿ Ve Vd. **aquella torre ?** Sehen Sie dort hinten/dort in der Ferne den Turm? No olvidaré nunca **aquellos momentos.** Ich werde diese Augenblicke damals nie vergessen.
Aquel día había llegado mi madre. An dem Tag damals war meine Mutter gekommen.

> *aquel*, *aquella*, *aquello* weist auf Dinge oder Personen hin, die örtlich oder zeitlich weit entfernt sind. Der Plural von *aquel* ist *aquellos*.

Die Grenzen zwischen *este*, *ese* und *aquel* sind nicht streng gezogen. Drei Beispiele — mit einer für das Neutrum häufigen Konstruktion — zu einer annähernden Verdeutlichung der Inhalte:

Esto de los precios es un enorme problema. → 503	(Das, wovon gerade die Rede ist oder war, nämlich) das mit den Preisen ist ein Riesenproblem.
Eso de los precios, en fin . . . → 506	Das mit den Preisen, na ja . . . (das finde ich nicht so wichtig oder interessant).
Aquello de los precios, francamente no acabo de comprenderlo.	Die Sache mit den Preisen (die ein Fachmann gerade in mir unverständlicher Weise erklärt hat) habe ich nicht so ganz verstanden.

508 ¿ De quién son estos libros ? — Pues, **¿ éstos ?** No sé.
Wem gehören diese Bücher? — Diese hier? Ich weiß nicht.

Die maskulinen und femininen Formen des Demonstrativpronomens tragen Akzent, wenn sie nicht bei einem Substantiv oder Pronomen stehen: *éste*, *éstos*, *ése*, *ésos*, *aquél*, *aquéllos* usw.
Das Neutrum *esto*, *eso*, *aquello* steht ohne Akzent.

509 Quería hablar con **el señor García, pero éste** estaba de viaje.
Ich wollte mit Herrn García sprechen, aber dieser war verreist.
Quería que una de **las secretarias** me escribiera la carta, **pero éstas** habían salido ya todas. Ich wollte, daß eine der Sekretärinnen mir den Brief schreiben sollte, aber die waren schon alle weg.

éste, *éstos*, *ésta*, *éstas* beziehen sich jeweils auf das zuletzt genannte Substantiv, mit dem sie in Zahl und Geschlecht übereinstimmen.

Entsprechend bezieht sich *aquél* usw. auf ein noch früher genanntes Substantiv:

Tenía dos hijos, Juan y José.	Er hatte zwei Söhne, Juan und José.
Éste quería ser médico, aquél, abogado. → 651	José wollte Arzt werden, Juan Rechtsanwalt.

510 **Ésta es una mesa muy práctica,** porque se puede variar su altura.
Das ist ein sehr praktischer Tisch, weil die Höhe verstellbar ist.
Las grandes ciudades atraen cada vez más personas, pero no se construye el número suficiente de pisos. **Esto es un problema** que se da en muchas partes.
Die Großstädte ziehen immer mehr Leute an, aber es werden nicht genug Wohnungen gebaut. Das ist ein Problem, das sich an vielen Orten/in vielen Ländern zeigt.

éste es . . ., ésta es . . ., esto es . . .
Übereinstimmung mit dem folgenden Substantiv besteht überwiegend, wenn das Demonstrativpronomen sich nur auf dieses allein bezieht.
(Hablando de mesas: Ésta es una mesa muy práctica.)
Wenn das Demonstrativpronomen gleichzeitig eine Zusammenfassung einer vorangehenden Aussage darstellt, kann es mit dem folgenden Substantiv übereinstimmen *(Es éste un problema . . .)* oder aber Neutrum sein.
(Hablando de fenómenos y hechos: Esto es un problema.)

Weiteres Beispiel für die Übereinstimmung:

¿ Son éstos los señores que llamaron ayer?	Sind das die Herren, die gestern anriefen?

511 Este diccionario no es bueno, **mire en el de mi hermano.**
Dieses Lexikon ist nicht gut, schauen Sie in dem meines Bruders nach.

> Mit nachfolgendem Genitiv wird auch der bestimmte Artikel als eine Art Demonstrativpronomen gebraucht.

Weitere Beispiele, auch mit dem neutralen Artikel *lo:*

No me gusta esta casa. La de mi hermano es más moderna.	Dieses Haus gefällt mir nicht. Das meines Bruders ist moderner.
Siento mucho lo de ayer.	Die Sache von gestern tut mir sehr leid.
¿Lo del terreno está arreglado?	Ist die Sache mit dem Grundstück geklärt?
Esto es lo de menos.	Das ist das wenigste!
Es lo de siempre.	Das ist ewig dieselbe Sache!

512 **el que vino primero** → 538 derjenige, der zuerst kam.

513 Yo no aceptaría **tales condiciones.**
Ich würde derartige/diese Bedingungen nicht annehmen.

> An die Stelle von *este* als Hinweis auf vorher erwähnte Dinge → 503 kann *tal, tales* treten.

Das Interrogativpronomen

Interrogativpronomen werden in der direkten Frage *(¿Cuánto quieres?)*, in der indirekten Frage *(Pregunta cuánto quiero.)* und im Ausruf *(¡Cuánta gente!)* verwendet. Zur Unterscheidung von gleichlautenden Relativpronomen usw. tragen sie den Akzent.

514	**¿qué?**	was?	**¿cuál?**	welcher?
	¿qué + Subst.?	was für ein? welcher?	**¿cuál de . . .?**	wer von . . .? welcher von . . .?
	¡qué + Adj.!	wie . . .!	**¿cómo?**	wie?
	¿a qué?	wozu? wozu denn?	**¿cuánto?**	wieviel wie sehr?
	¿para qué?	wofür?	**¿dónde?**	wo?
	¿por qué?	warum?	**¿adónde?**	wohin?
	¿quién?	wer?	**¿de dónde?**	woher?
			¿cuándo?	wann

515 **¿Qué es esto?** Was ist das?
¿Qué podríamos hacer? Was könnten wir machen?
¿Qué es su hermano? Was ist Ihr Bruder?
¿A qué esperas? → 520 Worauf wartest du?
¿De qué hablaban Vds.? Wovon sprachen Sie?

qué fragt nach Dingen, Handlungen, Berufen, Definitionen. Vgl. 214

516 **¿Qué coche es éste?** Was ist das für ein Wagen? Welcher Wagen ist das?
¿Qué persona es ella? Was ist sie für ein Mensch?

qué + Substantiv fragt nach Unterscheidungsmerkmalen von Dingen oder Personen.

Vgl. auch:

¿Qué tal estás?	Wie geht's dir?
¿Qué tal es el nuevo director?	Wie ist der neue Direktor?
¿Qué tipo de novela es?	Was für eine Art Roman ist das?
¿Qué clase de vinos prefiere Vd.?	Was für Weine trinken Sie am liebsten?

517 **¿Qué le parece?** Wie finden Sie das? Was halten Sie davon?
¿Qué le parece mi vestido? Wie gefällt Ihnen mein Kleid?
¿Qué te parece dar un paseo? Was meinst du, machen wir einen Spaziergang?

qué fragt in Verbindung mit *parecer* nach Meinung und Urteil.

Beachten Sie, daß bei Verwendung von *gustar* überhaupt kein Fragewort steht:

¿Le gusta mi vestido?	Wie gefällt Ihnen mein Kleid?
¿Le gusta estar en España?	Wie gefällt es ihnen in Spanien?

518 **¡Qué frío!** Welche Kälte, wie kalt!
¡Qué imbécil! Was für ein Idiot!
¡Qué pena!, ¡qué lástima! Wie schade!
¡Qué simpática es Gabriela! Wie nett Gabriela ist!
¡Qué temprano tenemos que levantarnos mañana! Wie früh wir morgen aufstehen müssen!

Im Ausruf steht *qué* vor Substantiven *(frío, imbécil* usw.), Adjektiven (*simpático* usw.) und Adverbien (*temprano* usw.).

Im Gegensatz zum Dt. ist im Sp. nicht üblich die Frage wie + Adjektiv/Adverb? Das Sp. weicht auf andere Ausdrucksmöglichkeiten aus:

Wie schnell ist der Wagen?	¿Qué velocidad alcanza el coche?
Wie teuer wird das Zimmer sein?	¿Cuánto costará la habitación?
Wie lange brauchen wir?	¿Cuánto tiempo tardaremos en llegar? ¿Cuánto tiempo tardaremos en hacerlo?
Wie groß ist das Zimmer?	¿Cuántos metros (cuadrados) tiene la habitación?

519 **¡Qué poco sabemos!** Wie wenig wir wissen!
¡Lo poco que sabemos! Wie wenig wir doch wissen!
¿Se ha dado cuenta de lo poco que sabemos? Haben Sie gemerkt, wie wenig wir wissen?
¡Qué bien habla Vd.! Wie gut Sie sprechen!
Me llamó la atención lo bien que hablaba Vd. Mir fiel auf, wie gut Sie sprechen.

¡qué + Adj./Adv.! wird oft durch eine Relativsatzkonstruktion ersetzt: *lo + Adj./Adv. + que*

520 Mis padres quieren que estudie francés. **¿ Pero a qué voy a estudiar francés ?** Meine Eltern wollen, daß ich Französisch lerne. Aber wozu soll ich denn Französisch lernen!

a qué wird oft in ablehnendem, geringschätzigem Ton gebraucht.

Dies gilt nicht für die Fälle, in denen die Präposition *a* zum Verb gehört wie z. B. bei *esperar a*, *decidirse a:*

¿ A qué espera Vd. ?	Worauf warten Sie?
¿ A qué se ha decidido Vd. ?	Wozu haben Sie sich entschlossen?

521 ¿ **Para qué** necesitas tanto dinero? Wozu brauchst du soviel Geld?
¿ **Para qué** hablar, si nadie nos escucha? → 214 Wozu sollen wir reden, wenn uns niemand zuhört?

522 **¿ Por qué** vinieron Vds. tan tarde? Warum kamen Sie so spät?
Me preguntó **por qué** venía tarde. Er fragte mich, warum ich zu spät käme.

523 **¿ Quién es ese señor ?** Wer ist der Herr dort?
¿ Quién se casó ayer ? Wer hat gestern geheiratet?

quién fragt nach Personen; es wird auch im Sg. gebraucht, wenn als Antwort ein Pl. zu erwarten ist. *¿ a quién ?* → 333

quiénes wird fast nur dann gebraucht, wenn das Prädikatsnomen im Pl. steht:

¿ Quiénes son esos señores?	Wer sind die Herren dort?

524 Ahí están dos coches, **¿ cuál es el suyo ?** Dort stehen zwei Autos, welches ist das Ihre?
No sé si me voy a comprar el modelo grande o el pequeño. **¿ Cuál le parece mejor para mí ?** Ich weiß nicht, ob ich das große oder das kleine Modell kaufen soll — welches finden Sie besser für mich?
¿ Cuál de los dos es su hermano ? Welcher der beiden ist Ihr Bruder?
De esos chicos, **¿ cuáles son tus hermanos ?** Welche von den Kindern dort sind deine Geschwister?

cuál, Pl. *cuáles* fragt nach Dingen oder Personen aus einer bereits abgegrenzten Anzahl oder Gruppe.

Bei der Frage mit *qué* → 516 ist die Gruppe nicht abgegrenzt. Eine gewisse Abgrenzung kann jedoch durch ein Adjektiv gegeben sein:

¿Qué coche se compraría Vd.?	Was für einen/welchen Wagen würden Sie kaufen?
¿Qué coche alemán se compraría Vd.?	Welchen deutschen Wagen würden Sie kaufen?
Entre los coches franceses, ¿cuál compraría Vd.?	Welchen von den französischen Wagen würden Sie kaufen?

525 ¿**Cómo** se las ha arreglado Vd. para venir? → 467 Wie haben Sie das geschafft, daß Sie kommen konnten?
¿**Cómo** se traduce esta palabra? Wie übersetzt man dieses Wort?
No comprendo **cómo** puede Vd. decir tal cosa. Ich begreife nicht, wie Sie so etwas sagen können!
Me han dicho que Vd. se va a casar. — **¿Cómo?** ¿Yo? Ich habe gehört, daß Sie heiraten werden. — Was, ich?
Son las cinco. — **¿Cómo?** Es ist fünf. — Wie bitte?
Vgl. 517, 518

526 **¿Cuánto es?** Wieviel ist es? Wieviel kostet das zusammen?
¿Cuánto cuesta/vale? Wieviel kostet das? Was kostet das?
¿Cuánto tiempo se queda Vd.? Wie lange bleiben Sie?
¿Cuántas personas eran? Wie viele Personen waren es?

> *cuánto* fragt nach der Menge. Es ist adjektivisch veränderlich.

527 **¡Cuánto me gusta esta ciudad!** Ach, wie ich diese Stadt liebe!
¡Cuánto hemos corrido! Wie wir gerannt sind!

> *cuánto* steht im Ausruf bei den Verben, bei denen als Adverb ein Mengenbegriff gebraucht wird. → 380, 383

528 ¿**Dónde** está Vd.? Wo Sind Sie?
¿**Adónde** va Vd.? Wohin gehen Sie?
¿**De dónde** viene Vd.? Woher kommen Sie?
¿**Por dónde** se pasa? → 567 Wie kommt man da hin? Wo fährt man durch?

Das dt. *woher?* ist nur in rein örtlicher Bedeutung mit *¿de dónde?* wiederzugeben. Häufig sind folgende Formulierungen für andere Zusammenhänge:

Woher soll ich denn das wissen?	¿Comó lo voy a saber yo?
Woher sollte ich denn das wissen?	¿Cómo lo iba a saber yo?
Woher kommt denn das, worauf ist das zurückzuführen?	¿A qué se debe eso?

29 ¿**Cuándo** viene tu hermano? Wann kommt dein Bruder?
¿**Para cuándo** tienes que terminar? Für wann/bis wann mußt du fertig sein?
¿**Desde cuándo** está Vd. aquí? Seit wann sind Sie hier?
Nach der Uhrzeit fragt **¿a qué hora?** → 437

Das Relativpronomen

Aufgabe des Relativpronomens ist es in erster Linie, einen Nebensatz einzuleiten, der sich auf ein vorangehendes Wort oder auf den gesamten Inhalt des vorangehenden Haupt- oder Nebensatzes bezieht.

lo joven y guapa que es → 519
mejor de lo que parece → 369—370
el que mejor trabaja → 405
un piso que no sea caro → 139—142

530	**que**	der, die, das	**el que**	derjenige, der
	el que/el cual	welcher	**la que**	diejenige, die
	la que/la cual	welche	**lo que**	(das,) was
	lo que/lo cual	was	**cuanto**	alles, was
	cuyo	dessen, deren	**cuantos**	alle, die
	quien	der die, das;	**donde**	wo
		wer	**cuando**	die Zeit, in der

Alle Relativpronomen, die mit einem Artikel gebildet werden, haben auch eine feminine und eine Pluralform, mit Ausnahme des Neutrums *lo que*.

531	**la mesa que está allí**	der Tisch, der dort steht
	las mesas que están allí	die Tische, die dort stehen
	la mesa que compré	der Tisch, den ich gekauft habe
	las cosas que compré	die Sachen, die ich gekauft habe
	el señor que está allí	der Herr, der dort steht
	las señoras que ves allí	die Damen, die du dort siehst

que bezieht sich auf Sachen und Personen. Nominativ und Akkusativ sind gleich, auch für Personen.

532 La medicina **con que** me trataron me hizo muy bien.
Das Medikament, mit dem ich behandelt wurde, tat mir sehr gut.
La fiesta **a que** me invitaron fue muy simpática.
Die Party, zu der ich eingeladen wurde, war sehr nett.

que wird auch nach kurzen, vor allem einsilbigen Präpositionen gebraucht.

533 Mañana viene **un señor para el cual** tengo que hacer una traducción.
Morgen kommt ein Herr, für den ich eine Übersetzung machen muß.
Recibí **una carta por la que** me enteré de todo.
Ich bekam einen Brief, durch den ich alles erfuhr.
Las arterias son **tubos por los cuales** pasa la sangre que viene del corazón.
Arterien sind Röhren, durch welche das Blut fließt, das vom Herzen kommt.

> *el que/el cual, la que/la cual (Pl. los que/los cuales, las que/las cuales)* beziehen sich auf Personen und Sachen. Diese Formen werden hauptsächlich nach mehrsilbigen Präpositionen gebraucht.

Weitere Beispiele:

la casa delante de la cual está mi coche	das Haus, vor dem mein Auto steht
circunstancias ante las cuales tuve que ceder	Umstände, angesichts derer ich nachgeben mußte
una resistencia contra la cual hay que luchar	ein Widerstand, gegen den man kämpfen muß
la mesa debajo de la cual estaba el perro	der Tisch, unter dem der Hund saß

Die Formen *el que/el cual* usw. stehen meist nach *de*, *por* und *para*, um Verwechslungen mit Konjunktionen zu vermeiden:

El hecho de que haya venido no dice nada.	Die Tatsache, daß er gekommen ist, besagt nichts.
El hecho del que hablamos todavía no es lo suficientemente conocido.	Die Tatsache, von der wir sprechen, ist noch nicht bekannt genug.
He comprado el libro porque me parecía interesante.	Ich habe das Buch gekauft, weil es mir interessant schien.
He comprado un libro por el cual me interesaba ya desde hace mucho tiempo.	Ich habe mir ein Buch gekauft, für das ich mich schon seit langem interessierte.
Te voy a enseñar las ventanas para que veas lo grandes que son. → 519	Ich will dir die Fenster zeigen, damit du siehst, wie groß sie sind.
Te voy a enseñar las ventanas para las que necesito cortinas.	Ich will dir die Fenster zeigen, für die ich Vorhänge brauche.

Die Formen mit Artikel helfen auch gelegentlich Unklarheiten vermeiden:

La hermana de Paco, el cual no viene, . . .	Die Schwester von Paco, der nicht kommt, . . .
La hermana de Paco, la cual no viene, . . .	Die Schwester von Paco, die nicht kommt, . . .

534 **Es esto lo que no comprendo.** Das ist es, was ich nicht verstehe.
Esto es todo lo que sé. Das ist alles, was ich weiß.

lo que bezieht sich auf Neutra wie *todo* und *esto*.

Nach *algo* und *nada* wird jedoch *que* verwendet:

Esto es algo que no comprendo.	Das ist etwas, was ich nicht verstehe.
No dice nada que sea nuevo. → 142	Er sagt nichts, was neu wäre.

535 Tengo **un amigo cuya madre** me ha invitado.
Ich habe einen Freund, dessen Mutter mich eingeladen hat.
Tengo **una amiga cuyo padre** me ha invitado.
Ich habe eine Freundin, deren Vater mich eingeladen hat.
Tengo **una amiga cuyos padres** me han invitado.
Ich habe eine Freundin, deren Eltern mich eingeladen haben.

cuyo, *cuya* stellt eine Possessivbeziehung zwischen dem Bezugswort und dem folgenden Substantiv her. Es richtet sich in Geschlecht und Zahl nach dem folgenden Substantiv — und nicht wie im Dt. nach dem vorhergehenden Substantiv, dem „Besitzer“.

cuyo wird auch in Verbindung mit Präpositionen gebraucht:

Este es el amigo a cuya madre hemos visitado. → 333	Das ist der Freund, dessen Mutter wir besucht haben.
Esta es la amiga con cuya hermana estuve en Londres.	Das ist die Freundin, mit deren Schwester ich in London war.

Statt *cuyo* wird auch nachgestellt *del cual* gebraucht. Bei indefiniten Pronomen (z.B. *algunos*, *cada uno*) ist diese Konstruktion die einzig mögliche:

Miguel tiene un primo, la novia del cual es amiga nuestra.	Miguel hat einen Vetter, dessen Verlobte mit uns befreundet ist.
Hay muchos diccionarios, algunos de los cuales son francamente buenos.	Es gibt viele Lexika, von denen manche wirklich gut sind.
Tengo varios diccionarios, cada uno de los cuales tiene sus ventajas y sus desventajas.	Ich habe verschiedene Lexika, deren jedes seine Vorzüge und seine Nachteile hat.

536 **El señor a quien esperaba no vino.** Der Herr, auf den ich wartete, kam nicht.
La señorita con quien estuve en España me visitará la semana que viene.
Die junge Dame, mit der ich in Spanien war, besucht mich nächste Woche.

quien bezieht sich auf Personen. (Pl. *quienes* ist nicht sehr häufig). *quien* steht in erster Linie nach einsilbigen Präpositionen.

Ohne Präposition wird überwiegend *que* gebraucht → 531
Bei mehrsilbigen Präpositionen wird überwiegend *el cual* gebraucht → 533

537 **Federico ya estaba en casa, lo que yo no sabía.** — Federico war schon zu Hause, was ich nicht wußte.

lo que/lo cual bezieht sich auf den gesamten Inhalt der vorhergehenden Aussage.

lo que/lo cual wird auch in Verbindung mit Präpositionen gebraucht:

Llegaron mis amigos, de lo que me alegré mucho.	Meine Freunde kamen, worüber ich mich sehr freute.
Esperaba su visita, por lo que me había quedado en casa.	Ich erwartete schon ihren Besuch, weshalb ich zu Hause blieb.
Quería comprar una máquina de escribir, para lo cual me faltaban aún cien marcos.	Ich wollte eine Schreibmaschine kaufen, wozu mir noch hundert Mark fehlten.

Der Inhalt der vorangehenden Aussage kann statt durch *lo* auch durch ein Substantiv zusammengefaßt werden, das dann ohne Artikel steht → 309:

Ahora quieren vender la casa, cosa que se comprende muy bien.	Jetzt wollen sie das Haus verkaufen, was man gut verstehen kann.

538 **Los que vieron esta comedia,** quedaron entusiasmados.
Diejenigen, die das Stück sahen, waren begeistert. Wer das Stück sah, . . .
Quien no ha visto Granada, no ha visto nada.
Wer Granada nicht gesehen hat, hat nichts gesehen.

el que, la que, lo que, die Pluralformen *los que, las que* sowie *quien* werden als Relativpronomen verwendet, wenn kein Bezugswort vorausgeht bzw. wenn keine Aussage vorangeht, auf die sich das Pronomen beziehen könnte. Man spricht in diesem Fall von Korrelativpronomen.

Weitere Beispiele:

El que puede saber algo es Manolo.	Wer etwas wissen kann, das ist Manolo.

Los que fueron volvieron encantados.	Diejenigen, die hinfuhren, kamen begeistert zurück.
Paco es uno de los que trabajan demasiado.	Paco ist einer von denen, die zuviel arbeiten.
Los que estudien mucho podrán sacar el diploma en tres años. → 140	Diejenigen, die viel arbeiten, können das Diplom in drei Jahren machen.
Lo que no sé es si vienen hoy o mañana.	Was ich nicht weiß, ist, ob sie heute oder morgen kommen.
Lo que dice me parece muy lógico.	Was er sagt, erscheint mir sehr sinnvoll.
El trabajo es lo que me hace olvidar las preocupaciones.	Die Arbeit ist das, was mich meine Sorgen vergessen läßt.
Sabemos lo que podemos hacer.	Wir wissen, was wir tun können.
Hay quien dice que es verdad.	Es gibt Leute, die sagen, es stimme.

539 **A lo que más teme el hombre es al juicio de los demás hombres, dice Camus.**
Wovor der Mensch sich am meisten fürchtet, das ist das Urteil der anderen Menschen, sagt Camus.

> Präpositionen werden nicht in das Korrelativpronomen eingeschoben, sondern stehen davor. Im Gegensatz zum Dt. steht die Präposition meist sowohl beim Korrelativpronomen *(a lo que)* als auch beim nachfolgenden Objekt *(al juicio)*.

Weitere Beispiele:

De lo que más se quejaba era de la comida.	Das, worüber er sich am meisten beklagte, war das Essen.
Por lo que viene es (por) lo siguiente: . . .	Der Grund, warum er kommt, ist folgender: . . .

540 **Decía cuanto sabía.** Er sagte alles, was er wußte.
Invitaba a cuantos querían venir. Er lud alle ein, die kommen wollten.

> *cuanto* und *cuantos* werden als Korrelativpronomen, also ohne Bezugswort, gebraucht. Vgl. *todo lo que* → 534, *todos los que* → 533

541 **La ciudad donde nací**/en que nací es poco conocida.
Die Stadt, in der ich geboren wurde, ist wenig bekannt.
Donde mejor se come es allí. → 405 Am besten ißt man dort.

donde wird als Relativ- und Korrelativpronomen des Orts verwendet.

542 **Recuerdo cuando éramos chicos.** Ich erinnere mich noch (an die Zeit), als wir Kinder waren.

cuando wird als Korrelativpronomen der Zeit verwendet.

Als Relativpronomen steht *que:*

el día que llegó mi padre	der Tag/an dem Tag, an dem mein Vater kam
cada vez que salimos	jedesmal wenn wir ausgehen (wörtl.: jedes Mal, das wir ausgehen)
el año (en) que nací	das Jahr, in dem ich geboren wurde

543 **La ciudad que más me gustó era Córdoba.**
Die Stadt, die mir am besten gefiel, war Córdoba.
La ciudad, que en la Edad Media era capital de un imperio, ya no tiene mucha importancia hoy día.
Die Stadt, die im Mittelalter Hauptstadt eines großen Reiches war, hat heute keine große Bedeutung mehr.

Relativsätze sind nur dann durch Komma abgetrennt, wenn sie zum Verständnis des ganzen Satzes nicht erforderlich sind, also nur zusätzliche Information enthalten. Vgl. 649.

Das indefinite Pronomen

Das wohl wichtigste deutsche indefinite Pronomen ist „man", dem im Spanischen die reflexive Verbkonstruktion entspricht → 81—85.
Einige indefinite Pronomen sind in engem Zusammenhang mit dem Kapitel der Negation zu sehen → 615, → 624—632.

544

algo	etwas	un poco (de)	ein wenig
alguien	jemand	pocos	wenige
alguno → 350	irgendeiner	muy pocos	die wenigsten
algunos	einige	semejante	derartig
ambos	beide	un solo → 562, 618	ein einziger
cada → 555	jeder	tal	solch ein,
cada uno → 558	jeder		ein derartiger
(un) cierto → 300	ein gewisser	un tal	ein gewisser
cualquiera	irgendeiner;	tanto	so vieles
→351, →556—558	jeder	tantos	so viele
lo demás	das übrige	todo → 551	alles
los demás	die übrigen,	todo → 554	jeder
	die anderen	todo el → 552	der ganze
mismo → 559	selbst	todos	alle
el mismo	derselbe	todos los → 553	alle
lo mismo	dasselbe	el último	der letzte
mucho	vieles	el único	der einzige
muchos	viele	lo único	das einzige
otro → 300	ein anderer	uno	einer
el otro	der andere	uno → 82	man
los otros	die anderen	uno . . ., otro . . .	einer . . ., ein
otra cosa → 300	etwas anderes		anderer . . .
la mayor parte	die meisten	el uno . . ., el	der eine . . ., der
la mayoría	die meisten	otro . . .	andere . . .
nada	nichts	el uno al otro	einander
nadie	niemand	→ 73	
ninguno → 350	kein; keiner	varios	einige,
poco	wenig		mehrere
un poco	etwas		

545 **He perdido algo.** Ich habe etwas verloren.
No he dicho nada. Ich habe nichts gesagt.
¿ Algo de nuevo ? — Nada de importancia. Etwas Neues ? — Nichts Wichtiges.

algo und *nada* stehen substantivisch für Sachen.

546 **¿Ha llamado alguien?** Hat jemand angerufen?
No ha llamado nadie. Es hat niemand angerufen.

alguien und *nadie* stehen substantivisch für Personen. Eine Beziehung auf ein Substantiv ist nicht gegeben. *a alguien*, *a nadie* → 333

547 **¿Ha llamado uno/alguno de mis amigos?** Hat einer meiner Freunde angerufen?
No ha llamado ninguno. Es hat keiner angerufen.
¿Quieres leer alguno de mis libros? Willst du irgendeines meiner Bücher lesen?
No me interesa ninguno. Es interessiert mich keines.
¿Quieres leer algún libro? Willst du irgendein Buch lesen?
¿No tienes ningún libro sobre América? Hast du kein Buch über Amerika?

alguno und *ninguno* stehen adjektivisch und substantivisch für Personen oder Sachen. Auch bei substantivischem Gebrauch ist immer eine Beziehung auf ein vorher genanntes Substantiv gegeben. Verkürzung *algún*, *ningún* → 350. Vergleich mit *cualquiera* → 557.

alguno steht gelegentlich in der Bedeutung eines unbestimmten Plurals:

En las vacaciones doy paseos, leo algún libro . . .	In den Ferien mache ich Spaziergänge, lese ein paar Bücher . . .
Alguno pensará que he cometido un error.	Mancher wird denken, daß ich einen Fehler gemacht habe.

548 **Hoy vienen algunos amigos.** Heute kommen einige Freunde.
Vienen algunos de mis amigos. Es kommen ein paar meiner Freunde.
¿No te visita ningún amigo? Besuchen dich keine Freunde?

alguno steht adjektivisch und substantivisch für eine unbestimmte Zahl von Sachen oder Personen. Von *ninguno* wird kein Plural gebildet.

549 **Ha pasado mucho entretanto.** Vieles ist inzwischen geschehen.
Es poco lo que hemos conseguido. Wenig ist es, was wir erreicht haben.
¡Tanto ha cambiado! So vieles hat sich verändert!

mucho, *poco* und *tanto* stehen als Neutra für eine unbestimmte Menge.

550 **Muchos lo saben.** Viele wissen es.
Hay pocos que no lo saben. Es gibt wenige, die es nicht wissen.
Muchos alemanes no lo saben. Viele Deutsche wissen es nicht.
Hay pocos alemanes que lo saben. Es gibt wenig Deutsche, die es wissen.
La mayoría lo sabe. Die meisten wissen es.
Lo saben muy pocos. Die wenigsten wissen das.

muchos und *pocos* stehen substantivisch und adjektivisch. Die Superlative *die meisten* und *die wenigsten* müssen umschrieben werden: *la mayoría (de)*, *la mayor parte (de)*, *muy pocos*.

551 **Todo esto me parece lógico.** Alles das erscheint mir logisch.
Todo está bien. Alles ist in Ordnung.

todo wird als Neutrum gebraucht. *lo sabe todo* → 471

552 **Pablo conoce todo el mundo.** Pablo kennt die ganze Welt.
He esperado toda la tarde. Ich habe den ganzen Nachmittag gewartet.

Im Sg. heißt *todo*, *toda* bei nachfolgendem Substantiv mit bestimmtem Artikel *ganz*.

Statt des bestimmten Artikels kann auch ein Possessivpronomen oder ein Demonstrativpronomen stehen:

He perdido todo mi dinero.	Ich habe mein ganzes Geld verloren.
He perdido todo este dinero.	Ich habe dieses ganze Geld verloren.

Beachten Sie die idiomatische Verwendung von *todo el mundo:*

¿Todo el mundo tiene papel?	Hat jeder Anwesende Papier?

553 **Han venido todos los amigos/todas las amigas.**
Alle Freunde/Freundinnen sind gekommen.
Han venido todos/todas. Alle sind gekommen.
Todas las ventanas están limpias. Alle Fenster sind sauber.

Im Pl. heißt *todos*, *todas* bei nachfolgendem Substantiv mit bestimmtem Artikel *alle*. *todos*, *todas* steht auch substantivisch.
Vergleich mit *cada* und *cualquiera* → 558.

In einer Reihe fester Verbindungen fehlt der Artikel:

a todas horas	zu jeder Tages- und Nachtzeit	en todas partes	überall
a todas partes	überallhin	de todos modos	jedenfalls; auf alle Fälle

554 **Todo hombre debe morir.** Jeder Mensch muß sterben.
Toda persona se respeta a sí misma. Jeder Mensch achtet sich selbst.

> *todo + Substantiv ohne Artikel* steht nur für allgemeingültige Aussagen.

Diese Konstruktion kann auch umgangen werden:
Todos los hombres debemos morir. Todos debemos morir.

555 **Me levanto cada día a las siete.** Ich stehe jeden Tag um sieben Uhr auf.
Tengo cuatro hijos. **Cada uno es distinto a los demás.**
Ich habe vier Kinder. Jedes ist anders als die anderen.

> *cada* ist unveränderlich. Es steht adjektivisch vor dem Substantiv oder substantivisch in der Form *cada uno*, *cada una*. Vergleich mit *todos* und *cualquiera* → 558.

Wichtige Ausdrücke mit *cada:*

Le visito cada vez que voy a Barcelona. → 541	Ich besuche ihn jedesmal, wenn ich nach Barcelona fahre.
El italiano me interesa cada vez más. → 374	Italienisch interessiert mich immer mehr.
El Metro viene cada dos minutos.	Die U-Bahn kommt alle zwei Minuten.
A cada 20 ó 30 kilómetros de la autopista hay una estación de servicio.	Alle 20 bis 30 km an der Autobahn ist eine Tankstelle.
Hay tres turnos de ocho horas cada uno.	Es gibt drei Schichten von je acht Stunden.

556 **En París hay personas de cualquier nacionalidad.**
In Paris gibt es Menschen jeder Nationalität.
Cualquiera te dirá dónde está Paco. Jeder wird dir sagen, wo Paco ist.

> *cualquiera* steht substantivisch oder adjektivisch für Personen oder Sachen. Verkürzung *cualquier* → 351. Der Pl. *cualesquiera* ist seltener. *Subjuntivo* nach *cualquiera que* → 140.

557 Déme Vd. **algún diccionario.** Geben Sie mir ein Lexikon!
Déme Vd. **cualquier diccionario.** Déme Vd. un diccionario cualquiera.
Geben Sie mir ein Lexikon, irgendeines, ganz gleich, welches!
Supongo que la palabra saldrá en **algún diccionario.**
Ich nehme an, daß das Wort in irgendeinem Lexikon steht, (wenn auch vielleicht nicht in jedem).
Esta palabra está en **cualquier diccionario.**
Das Wort steht in jedem Lexikon, ganz gleich, welches Sie nehmen.

> *algún diccionario:* irgendein nicht näher bezeichnetes Lexikon.
> *cualquier diccionario:* irgendein Lexikon, wobei es überhaupt nicht darauf ankommt, welches oder was für eines, da *jedes* den erwünschten Zweck erfüllt.

558 **Alguno de nosotros** tiene que hacerlo. Einer von uns muß es machen.
Cualquiera de nosotros podría hacerlo. Jeder von uns könnte es machen.
No es necesario que lo hagamos todos. Wir müssen es nicht alle machen.
No es necesario que lo haga uno de nosotros mismos, **lo puede hacer cualquiera.**
Es muß nicht einer von uns selbst machen, das kann schließlich jeder, (also auch irgendein anderer, ein x-beliebiger).
Cada uno de nosotros tiene tanto que hacer que es preferible que lo haga **cualquier otra persona.** Jeder einzelne von uns hat soviel zu tun, daß es besser ist, wenn es irgend jemand sonst macht, ganz gleich, wer.

> *todos* erfaßt eine größere Anzahl von Personen (oder Dingen) als Einheit.
> *cada uno* betont stärker den einzelnen innerhalb der Gruppe und damit die Gültigkeit der Aussage für alle ohne Ausnahme.
> *cualquiera* bezieht sich auf eine noch nicht näher bestimmte oder bekannte Person (oder Sache), wobei es auf eine bestimmte Auswahl in keiner Weise ankommt.

cualquiera wird oft mit geringschätzigem Unterton gebraucht:
Yo no soy un cualquiera. Ich bin doch nicht irgend jemand!

559 **Lo va a hacer él mismo/ella misma.** Das wird er selbst/sie selbst machen.
Lo puede hacer uno mismo. Das kann man selbst machen.
Lo ha dicho el director mismo/el mismo director. Das hat der Direktor selbst gesagt.
Ha llamado el mismo señor que ayer. Derselbe Herr wie gestern hat angerufen.

mismo, misma steht nicht allein. Nach einem Pronomen oder Substantiv heißt es *selbst* (und gelegentlich ist diese Unterstreichung als *sogar* aufzufassen). Vor dem Substantiv heißt es *selbst* oder *derselbe. el mismo que* → 377

Idiomatische Ausdrücke mit *lo mismo:*

Da lo mismo/lo mismo da.	Das ist ganz egal.
Me da lo mismo.	Das ist mir gleich.

560 **Yo no hago tal cosa.** Ich mache so etwas nicht.
No aceptaría tales condiciones. Ich würde derartige Bedingungen nicht annehmen.

tal steht ohne Artikel in der Bedeutung *solch ein, ein derartiger.*

Mit Artikel steht es dagegen im Sinne von *ein gewisser:*

Ha llamado un tal señor López.	Ein gewisser Herr López hat angerufen.

Vgl. (un) cierto → 300

561 **Los dos eran hermanos.** Die beiden waren Brüder.
Los dos cantaban muy bien. Alle beide konnten gut singen.
Ambos cantaban muy bien. Beide singen sehr gut.

los dos ist häufiger als *ambos.* Vor *los dos, los tres* usw. steht nicht *todos.*

562 **Me queda un solo paquete de cigarrillos.** Ich habe noch ein einziges/nur noch ein Päckchen Zigaretten.
Uno solo me queda. Ich habe nur noch ein einziges.
Y todo esto ha hecho una sola mujer, una sola. Und das alles hat eine einzige Frau gemacht, eine einzige!

un solo, una sola steht adjektivisch für Personen und Sachen. Die substantivische Form heißt *uno solo, una sola.*

Die Präposition

Die Präposition gibt in ihrer Grundbedeutung das Verhältnis verschiedener Dinge oder Personen zueinander an: *el libro está sobre la mesa* — das Buch liegt auf dem Tisch. Darüber hinaus werden Präpositionen in vielen Verbindungen — nach Verben, vor Substantiven usw. — benützt, in denen die Grundbedeutung keine erkennbare Rolle spielt: *de vacaciones* — auf Urlaub. Die Tabelle 563 gibt Grundbedeutungen häufiger Präpositionen an. In den folgenden Punkten werden auch andere Verwendungen berücksichtigt.

Rektion von Verben → 255—272, → 202—203.
Rektion von Substantiven → 204—205, von Adjektiven → 206, → 217.
Präpositionen im verkürzten Nebensatz → 207—213.

563	a	nach	después de	nach
		zu	detrás de	hinter
	a pesar de	trotz	durante	während
	a punto de + Inf.	kurz vor	en	in, an, auf
	a través de	durch	en casa de	bei
	además de	außer	en cuanto a	bezüglich
	al lado de	neben	en medio de	inmitten von
	alrededor de	rings um		mitten in
	ante	vor	encima de	über
		angesichts		auf
	antes de	vor	entre	zwischen
	bajo	unter		unter
	cerca de	nahe bei	frente a	gegenüber
	con	mit	fuera de	außerhalb von
	contra	gegen	gracias a	dank
	de	von	hacia	gegen
		aus	hasta	bis
	debajo de	unter	junto a	neben
	debido a	infolge	lejos de	fern von
	delante de	vor	más	zuzüglich
	dentro de	innerhalb	menos	mit Ausnahme von
		nach Ablauf von	para	für
	desde	von . . . aus	por	wegen
		von . . . an		durch
		seit		für/gegen

según	je nach laut	sobre	auf über
sin	ohne	tras	nach, hinter

Örtliche und räumliche Beziehungen, Richtung und Bewegung

564 **Voy a Madrid.** Ich fahre nach Madrid.

> *a* ist die wichtigste Präposition der Richtung und des Ziels.

Weitere Richtungsangaben:

Voy a casa de mis padres.	Ich fahre/gehe zu meinen Eltern.
Voy hasta Madrid.	Ich fahre bis Madrid.
Vamos hacia Madrid.	Wir fahren Richtung Madrid.

Nach Verben des Abfahrens steht zur Zielangabe *para:*

Mañana salimos para España.	Morgen fahren wir ab nach Spanien.
En cinco minutos parte el tren para Madrid.	In fünf Minuten fährt der Zug nach Madrid ab.

565 **Estoy en Madrid.** Ich bin in Madrid.
El libro está en la mesa. Das Buch liegt auf dem Tisch.

> *en* ist die wichtigste Präposition des Ortes.

Weitere Ortsangaben:

Estoy en casa.	Ich bin zu Hause.
Estoy en casa de mi amigo.	Ich bin bei meinem Freund.
Nos paramos frente a la iglesia.	Wir hielten gegenüber der Kirche.
Nos paramos delante de la iglesia.	Wir hielten vor der Kirche.
El espejo está encima del lavabo.	Der Spiegel hängt über dem Waschbecken.
Ese pueblo está más allá de la frontera.	Dieses Dorf ist jenseits der Grenze.

Eine Reihe von Ortsangaben wird mit *a* gebildet:

a la derecha	rechts	al otro lado del río	auf der anderen Seite des Flusses
a la izquierda	links		
a la puerta	an der Tür	a 20 km de Roma	20 km von Rom

566 **Por aquí debe de haber un restaurante muy bueno.**
Hier irgendwo muß es ein sehr gutes Restaurant geben.
Ahí por la Sierra de Gredos hay mucha caza.
In der Gegend der Sierra de Gredos gibt es viel Wild.

por dient zu ungefähren Ortsangaben.

567 **Se entra por esa puerta.** Man geht durch die Tür dort hinein.
Hemos hecho un viaje por España. Wir sind durch Spanien gefahren/in Spanien herumgefahren.
Se pasa por Avila. Man fährt über Avila.
¿ Quieres pasar por casa ? Willst du bei uns zu Hause vorbeikommen?
Tengo que pasar por el Banco. Ich muß kurz auf die Bank gehen.

por dient zur Angabe des Orts, wenn eine Bewegung durch diesen Ort hindurch oder an diesem Ort vorbei führt bzw. ihn kurz berührt.

Weitere Beispiele für Präpositionen im Zusammenhang mit einer Bewegung:

La carretera va a lo largo del río. (Sigue el río.)	Die Straße führt am Fluß entlang.
Pasamos alrededor de la iglesia.	Wir gingen um die Kirche herum.
Pasamos frente a un palacio muy bonito.	Wir fuhren an einem sehr hübschen Schloß vorbei.

Einige Präpositionen des Orts werden durch *por* ergänzt, wenn sie im Zusammenhang mit einer Bewegung gebraucht werden:

Volamos por encima del lago de Ginebra.	Wir flogen über den Genfer See hinweg.
Pasamos por debajo del puente.	Wir gingen unter der Brücke durch.
Pasamos por delante de la catedral.	Wir gingen vorne am Dom vorbei.
Pasamos por detrás de la catedral.	Wir gingen hinter dem Dom vorbei.

568 **Vamos de Barcelona a Madrid.** Wir fahren von Barcelona nach Madrid.
Fuimos en un día **desde Barcelona hasta Colonia.** Wir fuhren in einem Tag von Barcelona bis Köln.

de . . . a gibt Ausgangs- und Endpunkt einer Bewegung an. *desde . . . hasta* betont stärker die Genauigkeit der Streckenangabe oder die besondere Länge der Strecke.

Zeitliche Beziehungen

569 ¿ Quiere venir **por la mañana**? **¿ O por la tarde, o por la noche?**
Wollen Sie vormittags kommen? Oder nachmittags oder abends?
A las cuatro de la tarde, si le parece.
Um vier Uhr nachmittags, wenn es Ihnen recht ist.
Hacia las cuatro/sobre las cuatro. So ungefähr um vier.

> *por* steht in allgemeinen Angaben der Zeit, vor allem der Tageszeit.
> *a* steht zur Angabe der Uhrzeit → 437.
> *de* steht zur Angabe der Tageszeit in Verbindung mit der Uhrzeit.

570 **En las vacaciones** vamos a España. In den Ferien fahren wir nach Spanien.
En agosto/en el mes de agosto/durante el mes de agosto está cerrado.
Im August ist geschlossen.
Nací en 1930. Ich bin 1930 geboren.

> *en* ist die wichtigste Präposition zur Angabe eines Zeitraums, in dem eine Handlung geschieht bzw. geschah.

Eine Reihe von Angaben des Zeitraums steht ohne Präposition:

esta mañana	heute morgen	esta semana	diese Woche
esta tarde	heute nachmittag/ abend	este mes	diesen Monat
		este año	dieses Jahr
esta noche	heute abend/ heute nacht		

571 ¿ Se toma esta medicina **antes de la comida o después de ella**?
Nimmt man diese Medizin vor oder nach dem Essen?
¿ Vendrá Vd. a Munich **antes o después de 1972**?
Kommen Sie vor oder nach 1972 nach München?

> *antes de* und *después de* dienen zur Angabe einer Zeit vor bzw. nach einem Zeitraum oder einem Zeitpunkt.
> Stehen zwei mit *de* zusammengesetzte Präpositionen vor dem Substantiv, so muß *de* nur bei der zweiten stehen.

Zur Angabe des Zeitpunkts unmittelbar vor einer Handlung:
Estaba a punto de partir. Er war gerade im Begriff wegzugehen.

572 Trabajamos **de 8 a 12 y de 2 a 6.** Wir arbeiten von 8 bis 12 und von 2 bis 6.
Estuve allí **desde el 2 hasta el 5 de marzo.** Vgl. 568.
Ich war vom 2. bis 5. März dort.
A partir de hoy/desde hoy rigen los nuevos precios. Vgl. 576.
Ab heute gelten die neuen Preise.

573 Este trabajo **lo hago en tres semanas.** Diese Arbeit mache ich in drei Wochen. (Ich brauche drei Wochen dazu/ich fange erst in drei Wochen damit an.)
Tengo que entregarlo **dentro de tres meses.** Ich muß sie nach (Ablauf von) drei Monaten abgeben.
Tengo que terminarlo **hasta/para el 1° de mayo.** Ich muß sie bis 1. Mai fertigstellen.
Tengo que entregarlo **de hoy en quince días.** Ich muß sie heute in zwei Wochen abgeben.

> *en*, *dentro de*, *hasta* und *para* können zur Angabe von Terminen gebraucht werden.

574 **Hemos trabajado tres horas.** Wir haben drei Stunden lang gearbeitet.
Mi hermano va un año a América. Mein Bruder geht ein Jahr nach Amerika.
Va por/para un año a Nueva York. Er geht auf ein Jahr nach New York.

> Zur Angabe einer Zeitdauer steht im allgemeinen keine Präposition.
> Jedoch steht vor allem für einen geplanten Zeitraum gelegentlich *por* oder *para*.

575 **Hace una semana** salí de casa. Vor einer Woche fuhr ich von zu Hause weg.

> *hace* — es ist her — entspricht dem dt. *vor*, wenn statt der Angabe eines Zeitpunkts in der Vergangenheit um einen Zeitraum zurückgerechnet wird. (vgl. engl. *ago*, frz. *il y a*).

Beispiel:

Hoy es el 22. Compré el coche el día 15.	Heute ist der 22. Ich kaufte das Auto am 15.
Compré el coche hace una semana.	Ich kaufte es vor einer Woche.

Da *hace* Verbform ist, wird es auch in die Zeitenfolge einbezogen → 188:

Yo había salido de casa hacía una semana/una semana antes.	Ich war von zu Hause eine Woche vorher abgefahren.

Das Zurückrechnen um einen Zeitraum darf nicht verwechselt werden mit der Angabe eines Zeitpunkts vor Eintritt einer Handlung oder eines anderen Zeitpunkts → 571. (Örtliches *vor* → 565.)

576 Estoy en Madrid **desde hace tres años.** Ich bin seit drei Jahren in Madrid.

> *desde hace* . . . — seit einem Zeitpunkt, der jetzt . . . her ist.
> *desde hace* entspricht dem dt. *seit*, wenn nicht der Zeitpunkt angegeben wird, in dem eine noch andauernde Handlung begann, sondern wenn dieser Zeitpunkt durch Zurückrechnen um einen Zeitraum angegeben wird → 575, 572.

Beispiel:

Hoy es el 15 de agosto de 1972.	Heute ist der 15. August 1972.
Estoy en Madrid desde agosto de 1969.	Ich bin seit August 1969 in Madrid.
Estoy en Madrid desde hace 3 años.	Ich bin seit 3 Jahren in Madrid.

Erscheint dem Sprechenden der Zeitraum ziemlich lang, so kann er durch *hace . . . que* betont werden:

Ya hace 3 años que estoy aquí.	Das sind jetzt schon 3 Jahre, daß ich hier bin. Ich bin schon seit drei Jahren hier.

Auch bei *desde hace* wird die Verbform in die Zeitenfolge einbezogen → 188:

Estaba en Madrid desde hacía 3 años.	Ich war damals schon seit 3 Jahren in Madrid.

Zum Vergleich Angaben des Zeitpunkts, in dem eine Handlung begann → 572:

Estoy aquí desde el 1° de octubre.	Ich bin seit 1. Oktober hier.
Tengo el coche desde mi cumpleaños.	Ich habe das Auto seit meinem Geburtstag.
Esto es así desde el siglo XIX.	Das ist seit dem 19. Jh. so. (Das 19. Jh. ist hier Zeitpunkt des Beginns!)

Beziehungen zu Personen

577 **Lo doy a mi amigo.** → 332
Saludé a mis amigos. → 333
A mí, a ti → 481, 489—492.
Conmigo, contigo, consigo → 493.

578 **Entre nosotros** podemos hablar con toda franqueza.
Unter uns können wir ganz offen sprechen.
Entre nuestros amigos hay varios pintores.
Zu unseren Freunden zählen mehrere Maler.
Entre tú y yo lo haremos. → 492 Wir werden das gemeinsam machen.

579 **Con nosotros es muy amable.** Uns gegenüber/zu uns ist er sehr freundlich.

> *con* drückt nicht nur Gemeinsamkeit mit, sondern auch Einstellung, Verhältnis zu oder Verhalten gegenüber einer Person aus.

Nicht zu verwechseln ist dieses *gegenüber* mit dem *gegenüber* des Vergleichs:
En comparación con él soy pálido. Ihm gegenüber bin ich blaß.

580 Lo declaró **ante el juez.** Er sagte das vor dem Richter aus.
El certificado se presentará **ante las autoridades de la Salud Pública.** → 180
Die Bescheinigung ist bei den Gesundheitsbehörden vorzulegen.

Grund, Ursache, Nichtwirksamkeit eines Grundes

581 **¿Por qué no vais?** Warum fahrt ihr nicht?
Por la lluvia. Wegen des Regens.

> *por* ist die wichtigste Präposition zur Angabe des Grundes oder der Ursache.
> *por* zur Angabe des Urhebers beim Passiv → 86.

Andere Ausdrucksweisen zur Angabe von Gründen oder Ursachen:

Ante estas circunstancias tuve que ceder.	Angesichts dieser Umstände mußte ich nachgeben.
El vaso se rompió debido al calor excesivo/a causa del calor excesivo.	Das Glas zersprang infolge übermäßiger Hitze.

582 **Me muero de risa.** Ich sterbe vor Lachen.

In einer Reihe von Ausdrücken steht *de* zur Angabe der Ursache.

Weitere Beispiele:

Estoy cansado del trabajo.	Ich bin müde von der Arbeit.
Se puso a llorar de dolor.	Vor Schmerz fing er zu weinen an.
Lloraba de alegría.	Sie weinte vor Freude.
Me muero de hambre.	Ich sterbe vor Hunger.
Se murió de pulmonía.	Er starb an Lungenentzündung.

583 Se fue de paseo **a pesar del mal tiempo** que hacía. Er ging trotz des schlechten Wetters spazieren.
Se fue **a pesar de ello.** Er ging trotzdem weg.
Vendió la finca, **con lo bonito que era todo aquello.** Er verkaufte das Landhaus, obwohl das doch alles so schön war!
con ser tan bello → 213
aunque era tan bello → 150

Mittel, Werkzeug

584 **Corté el papel con unas tijeras.** Ich schnitt das Papier mit einer Schere.
¿ Se puede sujetar esto con un tornillo? Kann man das mit einer Schraube befestigen?

con ist die wichtigste Präposition zur Angabe des Mittels oder Werkzeugs.

Weitere Beispiele mit *con* und anderen Präpositionen:

El líquido se introduce por medio de un pequeño tubo.	Die Flüssigkeit wird mittels eines Röhrchens eingeführt.
Escribo a mano.	Ich schreibe mit der Hand.
Escribo a máquina.	Ich schreibe mit der Maschine.
Escribo con lápiz.	Ich schreibe mit Bleistift.
Escribo con bolígrafo.	Ich schreibe mit Kugelschreiber.
Voy a pie.	Ich gehe zu Fuß.
Voy en tren/con el tren. → 302	Ich fahre mit dem Zug.
Voy en avión.	Ich fliege.
Lo mando por avión.	Ich schicke es per Luftpost.

Zweck, Bestimmung, Absicht

585 Necesito estos libros **para mi trabajo.** Ich brauche diese Bücher für meine Arbeit.
Ha llegado una carta **para ti.** Es ist ein Brief für dich gekommen.
Lo dije **para tranquilizarle.** Ich sagte das, um ihn zu beruhigen.

para ist die wichtigste Präposition zur Angabe von Zweck, Bestimmung, Absicht.

586 **Voy a comprar pan.** Ich gehe Brot kaufen.
Voy a buscarle. Ich hole Sie ab.

a steht zur Angabe des Zwecks nach Verben der Bewegung.

587 Hay que luchar **por la libertad.** Man muß um die Freiheit kämpfen.
Lo he hecho **por ti.** Ich habe das für dich/deinetwegen/dir zuliebe getan.

Entspricht die Absicht einem inneren Beweggrund, so steht — vor allem in bestimmten Verbindungen — *por.*

588 Hubo un banquete **en honor del ministro argentino.** Es gab ein Festessen zu Ehren des argentinischen Ministers.
Se celebraron varios actos **en memoria de Alexander von Humboldt.** Es wurden mehrere Festakte zur Erinnerung an Alexander von Humboldt veranstaltet.

Einschränkung und Zusatz

589 Iban todos, **menos los pocos** que tenían que quedarse.
Alle gingen hin, ausgenommen die wenigen, die dableiben mußten.
Lo vieron todos, **con excepción de unos cuantos.**
Alle sahen es, mit Ausnahme einiger weniger.
Lo vieron todos, **excepto los que dormían.**
Alle sahen es, ausgenommen diejenigen, die schliefen.
La máquina cuesta 3000 marcos **más los gastos de trasporte etc.**
Die Maschine kostet 3000 DM zuzüglich Transportkosten usw.

Aparte de eso habrá que renovar las instalaciones eléctricas.
Abgesehen davon wird man die elektrische Einrichtung erneuern müssen.
Además de estos problemas económicos tenemos dificultades en conseguir trabajadores especializados. Außer diesen finanziellen Problemen haben wir Schwierigkeiten, Facharbeiter zu bekommen.

Kauf, Tausch, Stellvertretung

590 **Compré un libro por 20 pesetas.** Ich kaufte ein Buch für 20 Peseten.
Cambié unos sellos por otros. Ich tauschte ein paar Briefmarken gegen andere.
Si Vd. no tiene tiempo, **voy yo por Vd.** Wenn Sie keine Zeit haben, gehe ich für Sie/an Ihrer Stelle.
Me tomaron por Vd. Man hat mich für Sie gehalten.

> *por* ist die wichtigste Präposition zur Angabe von Kaufpreis, Tauschobjekt, Stellvertretung, Ersatz, Verwechslung usw.

Weitere Möglichkeiten des Ausdrucks:

Podría ir yo en lugar de Vd.	Ich könnte für Sie/an Ihrer Stelle gehen.
Me mandaron un diccionario francés en vez del español que había pedido.	Sie haben mir ein französisches Lexikon geschickt statt des spanischen, das ich bestellt hatte.

Vorschrift, Informationsquelle

591 Lo hicimos todo **según las instrucciones.** Wir machten alles nach Anweisung.
Esto está prohibido **según la legislación española.** Das ist nach spanischem Recht verboten.
Según las informaciones que tengo no hay problema. Nach meinen Informationen gibt es keine Schwierigkeiten.
De acuerdo con el artículo 16 del contrato, deben Vds. mandarnos cada tres meses un amplio informe.
Laut Artikel 16 des Vertrages müssen Sie uns vierteljährlich einen ausführlichen Bericht zugehen lassen.
Conforme a lo convenido, les mandamos nuestro material informativo.
Entsprechend unseren Vereinbarungen schicken wir Ihnen unser Informationsmaterial.

Ordnung, Reihenfolge

592 **Antes de salir me afeito.** Vor dem Weggehen rasiere ich mich.
Después de afeitarme salgo. Nach dem Rasieren gehe ich weg.
Sobre todo/ante todo tenemos que pagar estas facturas. Vor allem müssen wir diese Rechnungen bezahlen.
Los nombres van **por orden alfabético.** Die Namen sind alphabetisch geordnet.

Modale Beziehungen

593 **De esta forma/de este modo** ganamos tiempo. Auf diese Weise gewinnen wir Zeit.
De golpe bajó la temperatura. Plötzlich/schlagartig sank die Temperatur.
El número no lo sé **de memoria.** Die Nummer weiß ich nicht auswendig.
Estaba de paso en Londres. Er war gerade vorübergehend in London.
¿Por qué **está de pie**? ¡Siéntese! Warum stehen Sie? Setzen Sie sich!
Mi padre **está de viaje.** Mein Vater ist verreist.
Mi madre **está de compras.** Meine Mutter ist beim Einkaufen.
Mi hermano ya **está de vuelta/de regreso.** Mein Bruder ist schon zurück.
No íbamos **a gran velocidad.** Wir fuhren nicht mit hoher Geschwindigkeit.
No lo tomes **a la ligera.** Nimm es nicht auf die leichte Schulter!
Se rieron **a carcajadas.** Sie lachten aus vollem Halse.
Llovía **a cántaros.** Es goß in Strömen.
Vamos **a pie.** Wir gehen zu Fuß.
Tengo que ir **a la fuerza.** Ich muß notgedrungen hingehen.
No tiene objeto abrir la puerta **a la fuerza.** Es hat keinen Sinn, die Tür gewaltsam zu öffnen.
No tiene sentido abrirla **a golpes/a fuerza de golpes.** Es hat keinen Sinn, sie einzuschlagen.
Lo hacían **en secreto.** Sie machten das insgeheim.
No lo tomes **en serio.** Nimm das nicht ernst.
No lo tomes **demasiado en serio.** Nimm das nicht zu ernst.

> Die wichtigsten Präpositionen, die zur Bildung adverbieller Ausdrücke gebraucht werden, sind *de* und *a.* Jedoch gibt es hierfür kaum Regeln. Weitere Beispiele → 379. Vgl. 306.

Die Konjunktion

Konjunktionen sind Bindeglieder zwischen Sätzen oder zwischen Satzteilen. Manche Konjunktionen bestehen aus einem Wort *(si, como)*, andere setzen sich zusammen aus *Adverb + que (siempre que)*, *Präposition + que (desde que)* oder *Präposition + Substantiv + que (a fin que)*.

594

a condición de	unter der Be-	desde que	seit
que → 147	dingung, daß	después que	nachdem
a fin que → 144	damit	en cambio	dagegen
a la vez que	während gleich-	entonces → 388	also
	zeitig	es decir	das heißt
a que	damit	hasta que	bis
antes que	bevor	igual que	ebenso wie
a pesar de que	obwohl, trotzdem	lo mismo que	ebenso wie
así como	sowie	mas	aber
así que → 155	sobald	mientras	während
aunque	obwohl	mientras que	während
→ 150—151	wenn auch	no obstante	jedoch
	selbst wenn	ni	und nicht
cada vez que	immer wenn	ni . . . ni	weder . . . noch
caso que	falls	o/u	oder
como	da	o . . . o	entweder . . . oder
como	wie	o sea que	das heißt
tal como	so wie	para que	damit
como por ejemplo	wie z. B.	pero	aber
como si	als ob	por eso/por esto	deshalb
	wie wenn	por más que	so sehr auch
como también	wie auch	por mucho que	so sehr auch
	sowie	por una parte . . .,	einerseits, . . .
conforme	so wie	por otra	andererseits
conque	also	porque	weil
cual . . ., tal	wie . . ., so	pues	denn
cuando	wenn/als	puesto que	da
	sobald	que	daß
de manera que/	so, daß		denn/da
de modo que	so daß	sea que . . ., sea	sei es, daß . . .,
de todos modos	immerhin	que	sei es, daß . . .

según	je nachdem		
si	wenn/falls	tan pronto como	sobald
si	wenn/wo doch	sin que	ohne daß
si	ob	una vez que	sobald einmal
siempre que	immer wenn/vor-	y/e	und
→ 152	ausgesetzt, daß	ya . . ., ya	bald . . ., bald
sin embargo	jedoch		sei es . . ., oder
sino	sondern	ya que	da

595 Vinieron Enrique **y** su hermano. Enrique und sein Bruder kamen.
Cantaba **y** bailaba. Er sang und tanzte.
Pedro **e** Inés quieren casarse. Pedro und Inés wollen heiraten.

> *e* vertritt *y* vor *i-* (und *hi-*).

596 Era una habitación **amplia y soleada.** Es war ein großes, sonniges Zimmer.

> *y* steht zwischen zwei gleichwertigen, nebengeordneten Adjektiven.

597 Lo hago yo **o** uno de mis amigos. Das mache ich oder einer meiner Freunde.
Lo hace él **u** otro. Das macht er oder ein anderer.
¿Es vertical **u** horizontal? Ist das senkrecht oder waagrecht?

> *u* vertritt *o* vor *o-* und *ho-*.

598 Yo no voy, **pero** tú podrías ir. Ich gehe nicht, aber du könntest hingehen.
Fue **aunque** se lo habían prohibido. Er ging, obwohl sie es ihm verboten hatten.
Fue **a pesar de que** era muy lejos. Er ging, obwohl es sehr weit war.
Su hermano, **en cambio**, se quedó en casa. Sein Bruder dagegen blieb zu Hause.
Todos lo sabían. El jefe, **sin embargo,** hacía como si no supiera nada.
Alle wußten es. Der Chef dagegen tat, als ob er nichts wüßte.
Él trabajaba mucho, **mientras que** su hermano no hacía nada. Er arbeitete viel, während sein Bruder gar nichts tat.
No iba yo, **sino** mi hermano. Nicht ich ging hin, sondern mein Bruder.
Por una parte me gustaría ir con ellos a España, **por otra** no quiero dejar sola a mi madre. Einerseits würde ich gern mit ihnen nach Spanien fahren, andererseits möchte ich meine Mutter nicht allein lassen.

> Die wichtigsten adversativen Konjunktionen sind *pero*, *sin embargo*, *en cambio*, *por otra parte*. (*aunque* wird zwar zu den konzessiven Konjunktionen gerechnet, hat jedoch oft adversative Bedeutung.)

599 Lo preparamos todo **antes que viniera** mi padre. → 146
Wir bereiteten alles vor, bevor mein Vater kam.
Cuando vino mi padre, todo estaba preparado ya.
Als mein Vater kam, war alles schon vorbereitet.
Desde que vino mi padre, no he vuelto a ir al cine.
Seitdem mein Vater kam, bin ich nicht wieder ins Kino gegangen.
Después que había venido mi padre nos fuimos nosotros.
Nachdem mein Vater gekommen war, gingen wir weg.
Mientras mi padre **estaba** en Madrid, mi hermano mayor se encargaba de todo.
Während/solange mein Vater in Madrid war, nahm mein ältester Bruder alles in die Hand.
Lloraba a la vez que reía. Sie weinte und lachte gleichzeitig.

> Temporale Konjunktionen, die in Verbindung mit vergangenen Handlungen gebraucht werden, sind in erster Linie *antes que* → 146, *cuando*, *desde que*, *después que*, *mientras*.

600 **Cuando** viene mi hermano **solemos jugar** al ajedrez. Wenn mein Bruder kommt, spielen wir meistens Schach.
Cada vez que viene mi hermano **nos divertimos** mucho. Jedesmal wenn mein Bruder kommt, wird es sehr lustig.
Mi hijo **siempre** quiere estar a mi lado **mientras trabajo.** Mein Sohn will immer bei mir sein, wenn ich arbeite.

> Temporale Konjunktionen, die zum Ausdruck sich wiederholender Handlungen verwendet werden, sind vor allem *cuando* und *cada vez que*.

601 Te llamaré **cuando venga** mi padre. Ich werde dich anrufen, wenn/sobald mein Vater kommt.
Lo voy a preparar todo **antes que venga** mi padre. Ich werde alles vorbereiten, bevor mein Vater kommt.
Así que/inmediatamente después que llegue mi padre te llamaré. Sobald mein Vater kommt, werde ich dich sofort anrufen.
Tan pronto como esté, te avisaré. Sobald er da ist, gebe ich dir Bescheid.

Después que venga/haya venido mi padre a casa, todo será distinto. Wenn mein Vater nach Hause gekommen ist, wird alles anders sein.
Una vez que mi padre esté en casa, todo se aclarará. Sobald mein Vater wieder zu Hause ist, wird sich alles klären.
Mientras mi padre esté en Madrid no podemos salir de vacaciones nosotros. Solange mein Vater noch in Madrid ist, können wir nicht in Urlaub fahren.
No salimos hasta que vuelva. Wir fahren nicht weg, bis er zurückkommt.

> Temporale Konjunktionen, die in Verbindung mit Handlungen gebraucht werden, die in die Zukunft reichen oder erst in der Zukunft beginnen, sind vor allem *cuando*, *tan pronto como*, *mientras/hasta que*. In allen diesen Fällen steht *subjuntivo* → 155—157.

602 Lee este texto, **para que veas** lo difícil que es. Lies diesen Text, damit du siehst, wie schwer er ist.
Mandaron a su hija a Roma **para que/a que aprendiera** italiano. Sie schickten ihre Tochter nach Rom, damit sie Italienisch lernen sollte.
Lo preparaba todo **de manera que no pudiera pasar** nada en absoluto. Er bereitete alles so vor, daß absolut nichts passieren konnte.
Trabajaba muchísimo **porque su hijo pudiera estudiar.** → 587
Er arbeitete sehr viel, damit sein Sohn studieren konnte.

> Die wichtigsten finalen Konjunktionen sind *para que*, *a que* (hauptsächlich nach Verben der Bewegung, vgl. 586), *de manera que/de modo que*.
> Im Finalsatz steht *subjuntivo* → 144, → 149.

603 Empezó a llover, **de modo que** nos decidimos a volver a casa. Es fing an zu regnen, so daß wir uns entschlossen, wieder nach Hause zu gehen.
Se me acabó el dinero, **de manera que** no sabía cómo volver a casa. Mir ging das Geld aus, so daß ich nicht wußte, wie ich nach Hause kommen sollte.
¡**De modo que** tú eres el hermano de José! Du also bist der Bruder von José!
Conque tú eres el hermano de José. Also du bist der Bruder von José!

> Konsekutive Konjunktionen sind vor allem *de modo que/de manera que* → 149.
> Vgl. auch *entonces* → 388.

604 **Como no sé** cuándo llegan no voy a buscarles a la estación. Da ich nicht weiß, wann sie ankommen, hole ich sie nicht am Bahnhof ab.
No voy, **pues no sé** cuándo llega el tren. Ich gehe nicht hin, denn ich weiß nicht, wann der Zug ankommt.

No voy **porque no sé** cuándo llegan. Ich gehe nicht, weil ich nicht weiß, wann sie kommen.

No sé cuándo llegan. **Por eso** no puedo ir a buscarles. Ich weiß nicht, wann sie ankommen. Deshalb kann ich sie nicht abholen.

No voy a la estación, **que no sé** cuándo vienen. Ich gehe nicht zum Bahnhof, denn ich weiß ja nicht, wann sie kommen.

Tomamos un taxi, **ya que** se había hecho muy tarde. Wir nahmen ein Taxi, da es sehr spät geworden war.

Puesto que no han contestado hasta la fecha, supongo que ya no tienen interés en este negocio. Da sie bisher nicht geantwortet haben, nehme ich an, daß sie an diesem Geschäft kein Interesse mehr haben.

> Die wichtigsten kausalen Konjunktionen sind *porque*, *por eso*, *como*, *pues*, *ya que*. — Wird die Begründung vor der Folge genannt — d. h. der Nebensatz steht vor dem Hauptsatz —, so werden hauptsächlich *como*, *ya que* oder *puesto que* verwendet.
> *que* wird in kausaler Bedeutung vor allem in der Umgangssprache verwendet.

pues spielt neben der kausalen Verwendung eine wichtige Rolle in der Umgangssprache. Es überbrückt Denkpausen oder leitet — ohne besondere eigene Bedeutung — Antworten auf Fragen oder andere Erwiderungen ein.

— ¿Cómo se explica esto?	Wie erklärt sich das?
— Pues, vamos a ver, en fin, no sé cómo explicárselo.	Ja, also . . ., na ja, ich weiß nicht, wie ich Ihnen das erklären soll.
— Pues yo pensaba que Vd. podía explicármelo.	Also ich dachte, Sie könnten mir das erklären.

605 **Si se queda Vd.,** me quedo yo también. Wenn Sie bleiben, bleibe ich auch.

Si se quedara Vd., me quedaría yo también. Wenn Sie blieben, bliebe ich auch.

Caso que no tenga inconveniente Vd. hablo yo con la gente. Falls Sie nichts dagegen haben, spreche ich mit den Leuten.

Podremos suministrarles los aparatos a fines de julio, **siempre que no suceda algo imprevisto.** Wir können Ihnen die Apparate bis Ende Juli liefern, vorausgesetzt daß nicht etwas Unvorhergesehenes passiert.

Me quedaré en la playa hasta fines del mes o aún más tiempo, **según vengan** mis amigos o no. Ich bleibe bis Ende des Monats oder auch noch länger am Meer, je nachdem, ob meine Freunde kommen oder nicht.

> Die wichtigsten konditionalen Konjunktionen sind *si* und *caso que* (*caso de que*, *en el caso de que*). Indikativ oder *subjuntivo* nach diesen und weiteren Konjunktionen → 147, → 152, → 167—170.

606 — ¿Por qué no me vino a buscar? — **¡Si Vd. no me dijo nada!** Warum haben Sie mich nicht abgeholt? — Sie haben mir doch gar nichts gesagt!
¡Si le digo que no me ha dicho nada! Wenn ich Ihnen doch sage — er hat mir nichts gesagt!
¡Si no he hecho nada! Wo ich doch gar nichts gemacht habe!

si wird zur Beteuerung oder Betonung einer Aussage verwendet.

607 **Me pregunta si tengo tiempo.** Er fragt mich, ob ich Zeit habe.
Me preguntó si tendría tiempo el día siguiente. Er fragte mich, ob ich am nächsten Tag Zeit hätte.
A ver si viene. Mal sehen, ob er kommt.

si = *ob* leitet indirekte Fragesätze ein.

si = *ob* ist bewußt zu unterscheiden von *si* = *wenn*. In Fragesätzen steht Indikativ; hierzu gehört auch das Potencial, das nach *si* = *wenn* jedoch nie stehen kann. → 159—160, → 167—170, → 187—189.

608 Tienes que hacerlo hoy mismo, **aunque estés cansado.**
Du mußt es noch heute machen, auch wenn du müde bist.
Por mucho que/por más que se esfuerce, no llega a pronunciar bien la r.
So sehr er sich auch bemüht, es gelingt ihm nicht, das r richtig zu sprechen.

Die wichtigste konzessive Konjunktion ist *aunque*, *aun cuando* → 150—151. *por mucho que/por más que* → 148. Vgl. auch *aunque* → 598.

609 Lo hacemos **como/tal como** tú decías. Wir machen es, wie du gesagt hast.
Lo haremos **igual que** tú decías. Wir machen es genau so, wie du gesagt hast.
Lo haremos **como** tú digas. → 153 Wir werden es machen, wie du willst.
Tienes que hacerlo, **lo mismo que** tuvimos que hacerlo nosotros. Du mußt es machen, ebenso wie wir es ja auch machen mußten.
Me miran **como si fuera** un espectro. Sie schauen mich an, als ob ich ein Gespenst wäre.
Me miraron **como si hubiese dicho** algo horrible. Sie sahen mich an, als hätte ich etwas Schreckliches gesagt.

Wichtige Konjunktionen des Vergleichs sind *como*, *tal como*, *lo mismo que*, *igual que*. *Subjuntivo* nach *como* → 153. In irrealen Vergleichen mit *como si* steht immer *subjuntivo* → 145.

610 Mi amigo ha traducido una novela inglesa, **o sea que** sabe muy bien el inglés. Mein Freund hat einen englischen Roman übersetzt, das heißt, er kann sehr gut Englisch.
Tengo que terminar este trabajo hasta fines del mes, **es decir que** hasta entonces no podré salir mucho. Ich muß diese Arbeit bis Ende des Monats zu Ende bringen. Das bedeutet, daß ich bis dahin nicht viel ausgehen kann.
Hay muchos platos típicos en España, **como/como por ejemplo** la paella. Es gibt viele Spezialitäten in Spanien, wie z. B. die Paella.

> Die wichtigsten Konjunktionen für erklärende Nebensätze sind *es decir que*, *o sea que*, *como*, *como por ejemplo*.

es decir que hat nicht wie im Dt. *das heißt* auch eine korrigierende oder präzisierende Bedeutung:

Voy a Sevilla, o mejor dicho a un pueblo cerca de Sevilla.	Ich fahre nach Sevilla, d. h. eigentlich in einen Ort bei Sevilla.

611 **Dice que está enfermo.** Er sagt, daß er krank sei.
Creo que no viene. Ich glaube, daß er nicht kommt.
Quisiera que venga. Ich möchte, daß er kommt.
Me alegro que venga. Ich freue mich, daß er kommt.
No es que no quiera venir. Es ist nicht so, daß er nicht kommen will.
No creo que quiera venir. Ich glaube nicht, daß er kommen will.
Es posible que venga. Es ist möglich, daß er kommt.

> *que* leitet Subjekt- und Objektsätze ein, d. h. Nebensätze, die das logische Subjekt oder Objekt des Hauptsatzes sind. (Der Subjektsatz kann mit bestimmtem Artikel stehen → 298.)
> *que* steht in der indirekten Rede → 187—194.
> *que* + *subjuntivo* nach Ausdrücken der Willensäußerung → 120—124.
> *que* + *subjuntivo* nach Ausdrücken des Gefühls → 125—129.
> *que* + *subjuntivo* nach Ausdrücken der Nichtwirklichkeit → 130—133.
> *que* + *subjuntivo* nach unpersönlichen Ausdrücken → 135—138.
> (Relativpronomen *que* → 531.)

Fälle, in denen *que* anders als das dt. *daß* verwendet wird:

Creo que sí/que no. → 391	Ich glaube schon/ich glaube nicht.
¡Que venga! → 166	Er soll kommen.
¿Que no tiene dinero? (= ¿Dice que no tiene dinero?)	Kein Geld hat er, (sagten Sie/sagt er)?

Die Negation

612 ¿Viene? — **No.** Kommt er? — Nein.
¿Viene? — **No, no viene.** Kommt er? — Nein, er kommt nicht.

> *no* ist die wichtigste Negation. Es steht für *nein* und *nicht*. *no* steht vor dem Verb.

613 **No lo digo.** Ich sage es nicht.
No se lo he dicho. Ich habe es ihm nicht gesagt.
Es preferible no decir nada. Es ist besser, nichts zu sagen.
Me alegro de no habérselo dicho. Ich freue mich, es ihm nicht gesagt zu haben.

> Zwischen *no* und das Verb treten die verbundenen Personalpronomen. *no* steht vor dem Infinitiv.

614 **No pocos** creían lo que decía. Nicht wenige glaubten, was er sagte.
Como él opinaban **no pocos de sus amigos.** Wie er dachten nicht wenige seiner Freunde.

> *no* kann als Verneinung beim Subjekt stehen. Da damit nicht der gesamte Satz verneint wird, kann dieses verneinte Subjekt auch nach dem Verb stehen.

615 Tengo tiempo/**no tengo tiempo.** Ich habe Zeit/keine Zeit.
Tiene amigos/**no tiene amigos.** Er hat Freunde/keine Freunde.
Tiene un amigo rico/**no tiene ningún amigo rico.** Er hat einen/keinen reichen Freund.
Tiene un amigo que le ayuda/**no tiene un amigo que le ayude.** Er hat einen/keinen Freund, der ihm hilft.

> Steht im positiven Satz kein Artikel, so wird im entsprechenden negativen Satz *kein* nur durch *no* wiedergegeben.
> Steht im positiven Satz unbestimmter Artikel, so steht im negativen Satz ebenfalls unbestimmter Artikel oder *ninguno* → 350.

616 **Aún no** ha venido. Noch ist er nicht gekommen.
Todavía no ha venido. Er ist noch nicht gekommen.
Ya no viene. Er kommt nicht mehr.

no steht häufig in Verbindung mit den Adverbien *aún*, *todavía* und *ya*.

Die Adverbien können auch nachgestellt werden, was bei *ya no* seltener ist: No ha venido aún. No ha venido todavía. No viene ya.

617 **¿ Por qué no ?** Warum nicht?
¿ Cómo no ? ¡Cómo no! Warum nicht? Aber natürlich, selbstverständlich!

no steht häufig in Fragen. *¿ Cómo no ?* wird vor allem in südamerikanischen Ländern als verstärkte Bejahung verwendet.

618 **No tengo ni un día/ni un solo día** sin esta terrible prisa.
Ich habe nicht einen einzigen Tag ohne diese fürchterliche Hetze.
Yo no tengo ni idea de lo que decía.
Ich habe keine Ahnung davon, was er sagte.
Todavía no hemos hecho ni la mitad de lo que tenemos que hacer.
Wir haben noch nicht einmal die Hälfte von dem gemacht, was wir tun müssen.
No descansa ni siquiera los domingos. Ni siquiera los domingos descansa. Er ruht nicht einmal sonntags aus.

ni, ni un + Substantiv, ni un solo + Substantiv sowie *ni siquiera* verstärken die Negation. Vgl. 629.

Als besondere Verstärkung der Negation wird auch *ni mucho menos* angefügt:

No te ha dicho la verdad, ni mucho menos.	Er hat dir keineswegs die Wahrheit gesagt!

619 Esto **no** me convence **del todo.** Das überzeugt mich ganz und gar nicht.
Esto **no** me convence **en absoluto.** Das überzeugt mich überhaupt nicht.

del todo und *en absoluto* — beide nachgestellt — verstärken die Verneinung.

Da *del todo* auch positiv verwendet wird im Sinne von *ganz*, ist zur Vermeidung von Verwechslungen dem Deutschen die Konstruktion mit *en absoluto* mehr zu empfehlen. Auch für die Bedeutung *nicht ganz* können andere Konstruktionen eingesetzt werden, die Fehler ausschließen helfen. Einige Beispiele:

Estoy curado del todo.	Ich bin ganz geheilt.
No estoy curado del todo.	Ich bin noch nicht ganz geheilt.
Sus argumentos no acaban de convencerme. → 411	Seine Argumente überzeugen mich nicht ganz.
No lo había hecho por completo.	Er hatte es nicht ganz gemacht.

620 **No va mi hermano, sino yo.** Nicht mein Bruder geht, sondern ich.
No me ofendió sólo a mí, sino también a mi novia. Er beleidigte nicht nur mich, sondern auch meine Freundin.

> *sino* ist nach verneintem Satz adversativ.
> Nach *no sólo* erweitert *sino* die Negation.

Wie aber im Dt., so kann auch im Sp. nach einem verneinten Satz *pero* stehen, wobei die Bedeutung der Negation konzessiv wird:

Yo no puedo ir, pero va mi hermano.	Ich kann (zwar) nicht gehen, aber mein Bruder geht hin.

621 No trajo las flores personalmente, **sino que las mandó** desde el hotel.
Er brachte die Blumen nicht selbst mit, sondern schickte sie vom Hotel aus.

> *sino que* steht, wenn noch ein Verb folgt.

622 Yo no pude ir, **ni los otros tampoco.** Ich konnte nicht hingehen, und die anderen auch nicht.

> Ein zweiter verneinter Satz wird mit *ni* angefügt. Vgl. 624.

623 **Ni él ni sus hermanos** estaban enterados de lo que quería hacer su madre.
Weder er noch seine Geschwister waren im Bilde, was ihre Mutter tun wollte.

> *ni . . . ni* = weder . . . noch

Auch in dieser Konstruktion kann das zweite *ni* verstärkt werden:

Ni él ni tampoco sus hermanos sabían lo que quería hacer su madre.	Weder er noch auch seine Brüder wußten, was ihre Mutter tun wollte.

624 **No ha venido nadie.** Es ist niemand gekommen.
No llamó ninguno de sus amigos. Es rief keiner seiner Freunde an.
No viene nunca a tiempo. Er kommt nie rechtzeitig.
Antonio **no lo sabía tampoco.** Antonio wußte es auch nicht.
Antonio **no sabe nada.** Antonio weiß nichts.
No se lo diría a nadie. → 472 Ich würde es niemand sagen.

> Steht ein negatives Pronomen oder Adverb nach dem Verb, so muß auch vor dem Verb eine Negation — meist *no* — stehen.

625 **Nadie ha dicho** que sea verdad. Niemand hat gesagt, daß es wahr ist.
Ninguno de mis amigos pudo evitar esta desgracia. Keiner meiner Freunde konnte dieses Unglück verhindern.

> *nadie* und *ninguno* stehen häufig auch vor dem Verb.

626 **Nunca he dicho esto.** Nie habe ich das gesagt!
Yo tampoco comprendo todo esto. Ich verstehe das alles auch nicht.
Nada he conseguido, absolutamente nada. Nichts habe ich erreicht, gar nichts.
A nadie se le ocurriría hacer una tontería tan grande. Niemand würde es einfallen, eine so große Dummheit zu machen.
Jamás he dicho tal cosa. Niemals habe ich so etwas gesagt!

> *nunca*, *tampoco*, *nada*, *a nadie* stehen vor dem Verb, wenn sie stark betont werden sollen. *jamás* steht häufiger vor dem Verb als dahinter.

627 **No le he dicho nunca nada.** Ich habe ihm nie etwas gesagt.
No he dicho nunca nada a nadie. Ich habe nie jemand etwas gesagt.
A él no le he dicho nada tampoco. Ihm habe ich auch nichts gesagt.
Yo tampoco he dicho nada a nadie. Ich habe auch niemand etwas gesagt.

> Ist der gesamte Satz verneint, so steht statt positiver Pronomen *(algo, alguien)* oder Adverbien *(también)* die entsprechende negative Form *(nada, nadie, tampoco)*.
> Mehrfache Verneinungen stehen meist in der Reihenfolge, die aus den Beispielsätzen hervorgeht.

Unverändert bleibt *otra cosa* (vgl. 615):
No piensa en otra cosa. Er denkt an nichts anderes.

628 Se marchó **sin decir nada.** Er ging weg, ohne etwas zu sagen.
Se marchó **sin decir nada a nadie.** Er ging, ohne jemand etwas zu sagen.
Se marchó **sin que nadie se diese cuenta de nada.** Er ging weg, ohne daß irgend jemand etwas merkte.

sin und *sin que* sind Verneinungen, nach denen statt positiver Pronomen oder Adverbien die negativen Formen stehen → 627. *sin que* → 146.

629 Estoy **mejor que nunca.** Es geht mir besser denn je.
Ella sabía **más que nadie.** Sie wußte mehr als irgend jemand sonst.
Más que nada, mi deseo es ayudarle a Vd. In erster Linie (= mehr als irgendetwas anderes) ist es mein Wunsch, Ihnen zu helfen.

Nach Komparativen steht statt positiver Pronomen oder Adverbien die entsprechende negative Form → 627.

630 **¿No quiere nada más?** Wollen Sie nichts mehr/nichts weiter?
Yo no quería nada especial. Ich wollte nichts Besonderes.
¡Nada de discusiones ahora! → 545. Keinen Streit jetzt!
Esto no me importa nada. Das macht mir gar nichts aus.
No me gustó nada. Das gefiel mir gar nicht.
No me gustó nada en absoluto. Das gefiel mir überhaupt nicht.

nada steht als neutrales Pronomen in Verbindung mit Adjektiven. In Verbindung mit Verben ist *nada* eine verstärkte Verneinung. → 618—619

Auch als Adverb vor Adjektiven kann *nada* eine starke Negation bedeuten:

Juanita no es nada guapa, pero muy simpática.	Juanita ist keineswegs hübsch, aber sehr nett.

631 **No tienes más que apretar este botón.** Du brauchst nur auf diesen Knopf zu drücken.
No tenemos nada más que lo poco que ve. Wir haben nur das wenige, das Sie sehen.
El tren no para sino en A. y en B. Der Zug hält nur in A. und in B.
Cuesta veinte pesetas nada más. Es kostet nur zwanzig Peseten.

no más que, nada más que, no . . . sino sowie das nachgestellte *nada más* sind Umschreibungen für *sólo, solamente.*

Positive Ausdrücke in negativer Bedeutung

632 **Yo no he recibido carta alguna de vosotros.** Ich habe keinen Brief von euch bekommen.
Es un chico **sin imaginación alguna.** Er ist ein Junge ohne jede Fantasie.
No se ve progreso alguno. Man sieht keinerlei Fortschritt.

> *alguno* wird in verneinten Sätzen dem Substantiv nachgestellt. Vgl. *ninguno* → 624—625.

633 **En mi vida he visto tal cosa.** Nie im Leben habe ich so etwas gesehen!

> *en mi vida, en su vida* steht als Negation in ausrufartigen Sätzen.

634 ¿Les molesto? — **En absoluto.** (= **No nos molesta en absoluto.** → 619)
Störe ich Sie? — Keineswegs.

> *en absoluto* steht — ohne weitere Negation — als negative Antwort.

Orthographie und Interpunktion

Betonung und Akzent

635 **casa** **trabajan** **casas**
trabaja **resumen** **trabajas**

> Wörter, die auf Vokal *(a, e, i, o, u)* oder *n* oder *s* enden, werden auf der vorletzten Silbe betont.

636 **informar** **ciudad** **reloj** **Paraguay**

> Wörter, die auf Konsonant (außer *n* und *s* → 635) enden, werden auf der letzten Silbe betont. *y* gilt in diesem Sinne als Konsonant. Vgl. 322.

637

quizá	**alemán**	**régimen**	**lápiz**
quizás	**marroquí**	**lógico**	**mármol**
¡adiós!	**bebé**	**fantástico**	**azúcar**

> Wörter, die anders betont werden als nach 635—636, tragen auf dem betonten Vokal einen Akzent.

638 Buenos **días.** Guten Tag!
¿Le gusta el **país, María**? Gefällt Ihnen das Land, Maria?
Esta palabra se **acentúa.** → 16, → 18. Dieses Wort bekommt einen Akzent.

> Durch Akzent wird angegeben, wenn *i* oder *u* mit einem vorausgehenden oder folgenden Vokal keine einsilbige Einheit (Diphthong) bildet. Vgl. 643.

639

mi padre	mein Vater	para **mí**	für mich
tu padre	dein Vater	¿vienes **tú**?	kommst du?
te veo	ich sehe dich	¿un poco de **té**?	etwas Tee?
el padre	der Vater	**él** no viene	er kommt nicht
se conocen	sie kennen sich	no **sé** → 48	ich weiß nicht
		¡**sé** bueno! → 9	sei brav!

de mi padre	von meinem Vater	¡no se lo **dé**! → 38	geben Sie es ihm nicht
mas no lo sabe	aber er weiß es nicht	no sabe **más**	er weiß nicht mehr
si viene	wenn/ob er kommt	**sí,** viene	ja, er kommt
		no habla de **sí** mismo	er spricht nicht von sich selbst
estoy **solo**	ich bin allein	**sólo** un día	nur einen Tag
aun en invierno	sogar im Winter	**aún** no viene	er kommt noch nicht
él **o** ella	er oder sie	16 **ó** 17	16 oder 17

> Die angegebenen Wörter tragen den Akzent nicht aus Gründen der Betonung, sondern zur Unterscheidung verschiedener Bedeutungen oder Funktionen des gleichen Worts bzw. zur Unterscheidung von einem gleichlautenden Wort. Akzent bei Demonstrativpronomen → 508—510, bei Interrogativpronomen → 514—529. *ó* trägt Akzent zwischen Zahlen.

Silbentrennung

540 **a-ban-do-nar** **des-o-be-de-cer** **es-ta-do** **Es-pa-ña**

> Das Sp. trennt nach Sprechsilben. Dementsprechend wird auch *st* getrennt. *des-* bildet eine Einheit: das *s* wird nicht zur folgenden Silbe gezogen.

541 **ca-llar** **ca-rre-ra**

> *ll* und *rr* sind je ein Buchstabe, können also nicht getrennt werden.

542

a-bra-zar	**a-pre-ciar**	**a-cre-di-tar**	**re-cla-mar**
al-men-dra	**te-a-tro**	**ro-ble**	**a-pla-zar**
a-gru-par	**a-fri-ca-no**	**re-gla**	**a-flu-yen-te**

> Die *r*-Verbindungen *br*, *dr*, *gr*, *pr*, *tr*, *cr*, *fr* werden nicht getrennt.
> Die *l*-Verbindungen *bl*, *gl*, *pl*, *cl*, *fl* werden nicht getrennt.

Dies gilt auch beim Zusammentreffen mehrerer Konsonanten:
in-cluir ins-tru-men-to

643 **cuen-to** **a-gua** **al-guien** **le-yen-do** → 66
cui-dar **ac-ción** **fe-ria** **eu-ro-pe-o**

Trifft ein *i* oder *u* mit einem anderen Vokal zusammen, so entsteht eine einsilbige Einheit (Diphthong), die nicht getrennt wird. Vgl. 638.

Groß- und Kleinschreibung

644 **En** esta iglesia fue bautizado mi padre. In dieser Kirche wurde mein Vater getauft.
Los españoles que hemos conocido son muy amables. Die Spanier, die wir kennengelernt haben, sind sehr freundlich.

Der Anfang des Satzes wird groß geschrieben, alles weitere klein.

645 el señor **García** **París** **el Ebro** **Francia**
Pepe López **Sevilla** **los Pirineos** **España**

Eigennamen (Personen, Städte, Flüsse, Gebirge, Länder usw.) werden groß geschrieben. Hierzu zählen nicht Nationalitäten- und Volksbezeichnungen: *los españoles.*

646 la iglesia de San Pedro
die Peterskirche
el estado de las cosas
der Stand der Dinge
el ayuntamiento de Madrid
das Rathaus von Madrid

la **Iglesia** católica
die katholische Kirche
el jefe del **Estado**
der Staatschef
el **Ayuntamiento** de Madrid
die Stadtverwaltung von Madrid

Die Bezeichnungen von Institutionen werden groß geschrieben.

647 Mi amigo estudia **Historia,** su hermano, **Química.** → 651.
Mein Freund studiert Geschichte, sein Bruder studiert Chemie.

Studienfächer werden groß geschrieben.

Interpunktion

Die Zeichensetzung ist im Sp. zum Teil anders als im Dt. Dieser Abschnitt beschreibt nur die wichtigsten Abweichungen. Allgemein ist zu sagen, daß das Komma im Sp. nicht nur nach festen Regeln, sondern oft auch nach subjektiven Vorstellungen verwendet wird.

648 **Desde Valencia**, hicieron una excursión. Von Valencia aus machten sie einen Ausflug.
Yo, **desde luego,** fui con ellos. Ich fuhr natürlich mit ihnen.
Mi madre, **sin embargo,** se quedó en Valencia. Meine Mutter dagegen blieb in Valencia.

Adverbien und adverbielle Angaben werden durch Komma abgetrennt.

649 **Tengo un amigo que quiere hacer** el examen este año.
Ich habe einen Freund, der das Examen dieses Jahr machen will.
Mi amigo, que ya ha hecho el examen, quiere seguir estudiando un año.
Mein Freund, der das Examen schon gemacht hat, will noch ein Jahr weiterstudieren.

Relativsätze stehen nur dann zwischen Kommas, wenn ihr Inhalt für das Verständnis des Hauptsatzes entbehrlich wäre. Vgl. 543.

650 **Los turistas llegados de Alemania** fueron inmediatamente al hotel.
Die aus Deutschland eingetroffenen Touristen gingen sofort ins Hotel.
Los turistas, cansados del largo viaje, fueron inmediatamente al hotel.
Die Touristen, die ja von der langen Reise müde waren, gingen sofort ins Hotel.

Für die Nebensatzverkürzung durch Partizip, *gerundio* oder Infinitiv gilt das gleiche wie für den Relativsatz → 649: Ohne Komma steht die unbedingt erforderliche Information, mit Komma steht die an sich entbehrliche und deshalb stärker betonte Nebeninformation.

651 **A mal tiempo, buena cara.** (A mal tiempo hay que ponerle buena cara.)
Gute Miene zum bösen Spiel.

Das Komma tritt an die Stelle eines ausgelassenen Verbs.

652 — **¿Qué vais a hacer el fin de semana?** — preguntó su padre.
— **Todavía no lo sabemos.**
„Was werdet ihr am Wochenende tun?", fragte sein Vater.
„Wir wissen es noch nicht."

Direkte Rede wird durch Gedankenstrich — *raya* — angezeigt.

653 **„El Estado soy yo"** dijo Luis XIV. „Der Staat bin ich", sagte Ludwig XIV.
Eres un **„snob"**. Du bist ein Snob.

In Anführungszeichen — *entre comillas* — stehen wörtliche Zitate sowie Fremdwörter, die noch als solche empfunden werden.

Auch die wörtliche Wiedergabe von Gedanken wird durch Anführung angezeigt:
„¡Cómo pasa el tiempo!" pensó Pedro. Wie die Zeit vergeht, dachte Pedro.

654 **¡Qué alegría!** Welche Freude!
¿Cuándo vienes? Wann kommst du?

Rufzeichen und Fragezeichen — *signo de admiración, signo de interrogación* — stehen in umgekehrter Form auch am Beginn des Ausrufs bzw. der Frage.

Der Beginn der Frage oder des Ausrufs kann auch innerhalb des Satzes liegen:

Y tu madre, ¿qué hace?	Und was macht deine Mutter?

Im Text verwendete Abkürzungen

afirm = afirmativo
bzw. = beziehungsweise
d. h. = das heißt
dt. = deutsch
im Dt. = im Deutschen
(f) = femenino
Ind. = indicativo
(m) = masculino
Pers. = Person
Pl. = Plural
Pot. = potencial
Pret. = pretérito
s. = sich
Sg. = Singular
sp. = spanisch
im Sp. = im Spanischen
Subj. = subjuntivo
u. c. = una cosa
vgl. = vergleiche
z. T. = zum Teil

Wort- und Sachregister

Das Register ist rein alphabetisch. Ausdrücke, die aus mehreren Wörtern bestehen, werden wie ein Wort behandelt: a gusto steht nach águila. Bei Angaben zur Konstruktion zählt nur das erste Wort für die alphabetische Einordnung: *a + inf.* steht unmittelbar nach *a*, *por + inf.* unmittelbar nach *por*. Die Hinweiszahlen beziehen sich auf die fortlaufenden Kennziffern am Rand, nicht auf Seiten.

Q